身長差で負けない
バスケットボール勝利術

実業之日本社

PERFECT LESSON BOOK

はじめに 00

バスケットボールにおける「高さ」とは

床から10フィート（3メートル5センチ）の高さに設置してあるリングにボールが入ると得点になるバスケットボール。そのような競技特性から身長の高い選手や高く跳べる選手、または腕の長い選手が大きなアドバンテージを握っています。言い換えると、バスケットボールにおいては「高さ」が重要な意味を持つということです。

ゴール下にポジションをとり、高さを活かして得点を量産する——。
シュートが外れると、リバウンドを奪取して攻撃回数を増やす——。
シュートを狙う相手のボールをブロックする——。

そうした「高さ」を活かしたダイナミックなプレーがバスケットボールの魅力です。
では、「高さ」で上回るチームおよび選手が必ず勝利を手にするかというと、そうとは限らないところにバスケットボール特有の奥深さがあるように感じます。

そこで本書では、この「高さ」に着目して、様々な角度から検証してみたいと思います。「高さ」のある選手、およびチームに対してどう戦えばいいのか――。「高さ」のある選手、およびチームはどのようにしてその高さを活かせばいいのか――。そしてどうすれば「高さ」を備えられるのか――。

私は現在、高校女子チームを指導していますが、ヘッドコーチとして感じる「高さ」だけでなく、秋田県立能代工業高校の選手として培われた「高さ」に対する意識や、その後、日本代表チームのキャプテンを務めていた頃に直面した「高さ」などについても交えて説明させて頂きます。

皆さんが「高さ」に対して一考するきっかけになれば幸いです。

金子寛治

Chapter 1

Chapter 2

個々のオフェンススキルを見直す 049

Chapter 3

チームで高さを打ち破る 081

Chapter 4

スクリーンプレーを整理して正しく理解する 099

Chapter 5

チームディフェンスで対抗する 123

Chapter 6 高校でゾーンディフェンスを覚える 143

Chapter 7

リバウンド、ルーズボールで粘る 161

あとがき

バスケットボールコート図の名称

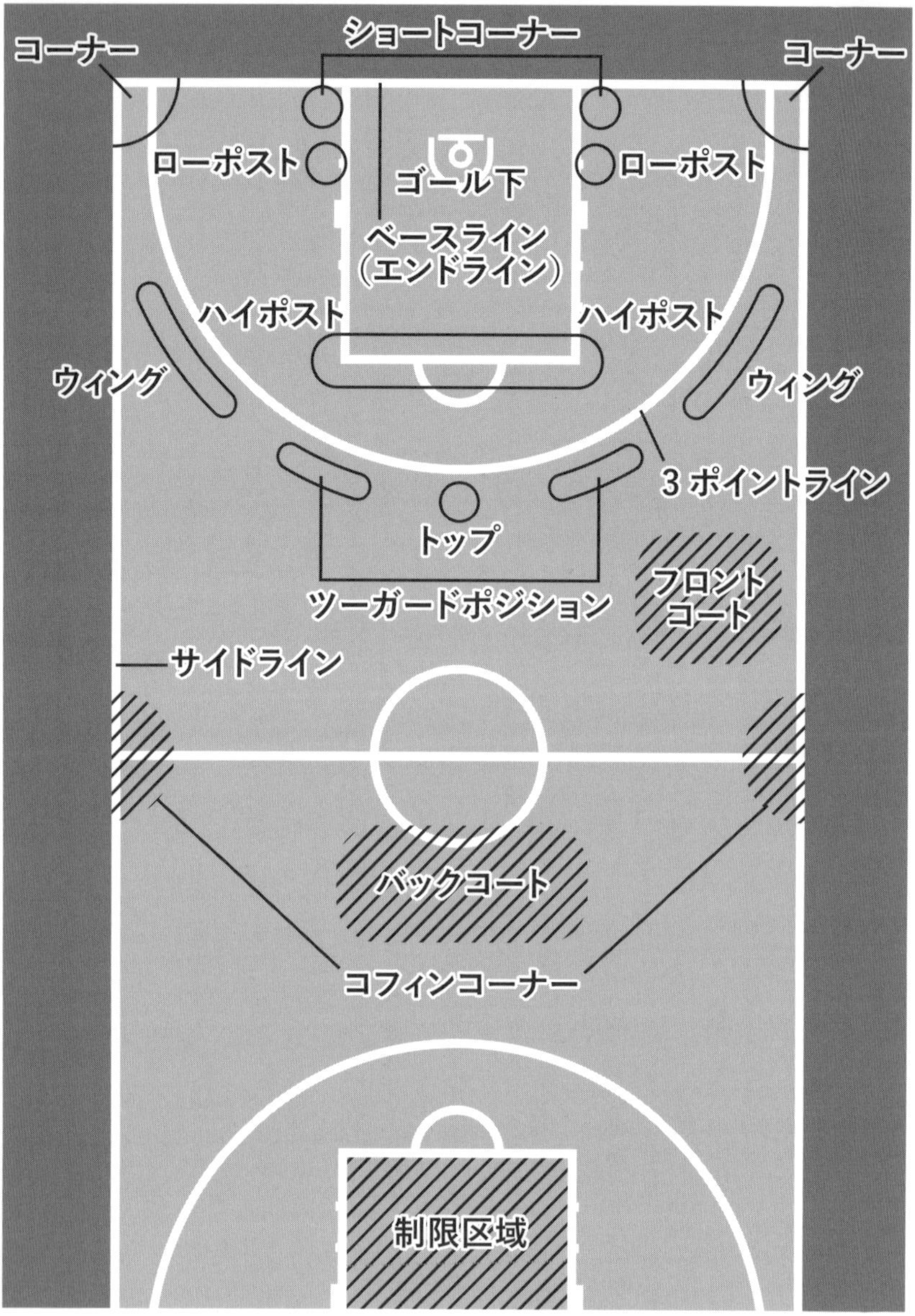

Chapter1

「高さ」に対する基本的な考え方

高さのある選手が有利とされるバスケットボール。では、高さがあれば試合で勝てるのか――。そもそも「高い」とは何センチ以上の選手を意味するのか。まずは「高さ」について様々な角度から見つめてみよう。

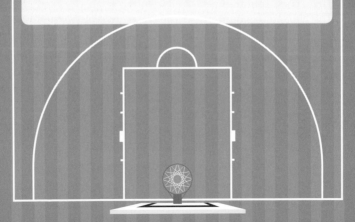

Chapter1 01

「高さ」という言葉の持つ意味を考察する

まずは「高さ」という言葉の持つ意味を整理しておきます。

あなたはどのような選手が「高い」と感じますか？

または、どのような選手を擁するチームに対して「高い」と感じますか？

即座に出てくるのは「自分より高い選手」または「自分たちより平均身長が高いチーム」という答えかもしれません。

主体である自分の身長が仮に170センチであれば、180センチ以上の選手が「高い」と感じ、チームの平均身長が175センチであれば、180センチ台の選手が多くいるチームに高さを感じるものではないでしょうか。

主体が180センチの選手にとってのそれが190センチとなり、平均身長が185センチであれば2メートル前後の選手を擁するチームを「高い」と感じるとするなら、「高さ」には絶対的な数値はなく、主体となる選手およびチームの事情と、相手となる選手およびチームとの相対的な意味での「感じ方」ということになります。

そしてその感じ方も、選手それぞれ、チームそれぞれでしょう。

中学生以上のバスケットボールの試合は、3メートル5センチの高さのゴールを用いて行われます。それだけに高さのある選手、チームに一定のアドバンテージがあるのは間違いありません。

そういうチームと対戦する際にどう感じるか、ということです。

ゴール下でボールを持たれたら止められない…。

シュートモーションに入ったらブロックできない…。

逆に自分たちはゴール下からのシュートを止められてしまう…。

そう感じるのか、またはこう感じられるかなのです——。


相手がどんなに高くても、できる限りのことをやる！

Chapter1 02

平面で戦うとは

高さのある相手に対抗する手段として、技術の精度を高めることがまず挙げられます。シュート力の向上、その確率を高めるためのドリブルやパスの技術向上およびディフェンスの強化という課題が浮上するはずですが、すべての動きに共通するキーワードの一つが「スピード」です。

バスケットボールの特性としてゴールが設置されている3メートル5センチの高さに目が行きがちですが、そこを主戦場ではなく、ボールがそれ以外のエリアにある時にスピードを活かし、アドバンテージを握る。平均身長の低い多くのチームが掲げるスローガン「平面バスケット」の狙いはそこにあるはずです。

高さと平面——。

まさに平面的にコートをとらえることによって、いろいろな発想が生まれると私は考えます。戦術を考える場合、基本的に3ポイントラインからゴールに近いエリアが中心となりがちです。攻撃時には相手陣内の、ディフェンス時には自陣のそのエリアの戦い方を中心に組み立てるものです。

当然それらも欠かせないことではありますが、高さのあるチームに対抗する上ではコートの中央部のエリアでどういう戦い方をするかも細かく分析する必要があるのです。言い換えると、オールコート（コート全体）を縦横にラインを引いて区分し、それぞれのエリアでどのような動きが必要かを考え、組み合わせていくわけです。

どれだけの区分にするかはチームの戦い方によりますが、私はかなり細かく区分し、いわば**「ジグゾーパズル」のようなイメージでコートをとらえ、選手の特性に合わせた動きを組み合わせる**ようにしています。

そこでの攻防をいかに素早く、正確に、時には力強く行えるかが、平面バスケットの肝だと思うのです。

Chapter1 03

「攻防の切り換え」を武器にする

バスケットボールの競技特性として、「攻防が目まぐるしく入れ替わる」というものがあります。攻撃＝オフェンス、防御＝ディフェンス。すなわちオフェンスの成否がはっきりした後は、ディフェンスに切り換えなければならないということです。ディフェンスは「守備」と訳される場合もありますが、言葉の持つイメージとして相手のオフェンスを防いで、次の攻撃へと移行するという意味では「防御」のほうが近いように思われます。

野球などのように攻撃と守備の時間帯がはっきりと分かれている競技とバスケットボールとでは、そこが決定的に違う特性とも言えるでしょう。

私の高校時代の恩師はその「攻防の切り換え」に目を付けてチームを強化し、何度も全国大会を制覇しました。よくこのように指導されたものです。

「相手の大きな選手がシュートを決めて喜んでいるすきに、自分たちが得点しなさい」

現在はバックコート（自陣）のスローインの時、ボールをいったんレフェリーに渡し、そのボールをレフェリーから受け取ってゲームが再開されますが、以前は相手チームの選手が拾ってそのままオフェンスに移行できました。それだけに攻防を素早く切り換える動きがしやすかったという事情もあります。

レフェリーからボールを受け取って再開する現行ルールではその時間が少々かかりますが、それでもバックコートでのスローインを素早く行うことによって、高さのある相手がディフェンスの体型を整える前に攻撃を展開できるようになるはずです。

ディフェンスで相手のボールを奪ったり、ディフェンスリバウンドを確保した時にも当然、「攻防の切り換え」を素早く行うことが重要です。

Chapter1 04

ボールを確実に素早くプッシュする

バックコート、すなわち自陣からフロントコート、すなわち敵陣にボールを運ぶプレーは「プッシュ」と呼ばれています。相手に得点を決められた後、攻撃の制限時間は24秒間、その中で8秒以内にセンターラインを超えられるようにボールをフロントコートにプッシュすればいいわけです。

そのためにはとりわけあわててプッシュする必要はないのですが、「攻防の切り換え」を意識した戦い方をする上では、この**プッシュをいかに確実に素早く行えるかが、重要な意味を持つ**のです。

その方法としていくつか考えられます。

・動きの素早いポイントガードにパスを出してドリブルでプッシュする
・状況に応じてドリブルをせず、パスを飛ばしてレイアップシュートにつなげる

・ポイントガードを2人配備する「ツーガード」のシステムで、エンドラインからのスローインとそのレシーバーの役割をよりスムーズに行えるようにする
・フロントコートに入る選手にワン（1本の）パスで得点へとつなげる

最後のパスはアメリカンフットボールのようなパスになることから「タッチダウン（ショットガン）パス」とも呼ばれますが、オフェンスを簡略化できる反面、パスの距離が長いだけにディフェンスにインターセプトされる危険性が高まります。

したがって、相手ディフェンスにインターセプトされない距離感を意識しつつ、しっかりとしたパススピードでボールをプッシュします。確実に運ぶためにはドリブルが有効ですが、ボールをいち早くフロントコートに動かす上では、ドリブルよりパスのほうが速いはずです。

そうした速い展開からレイアップシュートや3ポイントシュートへとつなげられることで相手の高さを気にすることなく攻撃を組み立てられるのです。

Chapter1
05
スローインからの「1、2」を素早く

前のページで紹介したように、フロントコートへとボールをプッシュする方法にはいくつかあります。それらのうち私が特に強調しているのが、エンドラインからのスローイン時の2本のパスを、いわば**「1、2（ワン・ツー）」のリズムで素早く行う**ことです。たとえ相手にシュートを決められても、そのシュートボールをすぐそばにいる人がすぐに拾ってエンドラインの外に出てから、速やかにガードへとつなげます。そうした役割をできるガードが2人、すなわち「ツーガード」もしくは3人、すなわち「スリーガード」で展開することで自分たちのスピードを活かしやすくなります。それこそが平面バスケットを展開する上でのポイントの一つです。

相手の大きな選手にたとえゴール下からシュートを打たれても、何も失望する必要はありません。ディフェンスリバウンドを確保できる準備をしつつ、たとえそのシュートが入っても速やかに攻防を切り換えて自分たちの速攻を繰り出すのです。相手が戻る前に、ゴール下に走り込む選手にパスがつながれば、ノーマークのレイアップシュートにつなげられる可能性が高いです。

絶対的な3ポイントシューターがチームにいるのであれば、そのシューターがウイングやコーナーにポジションをとり、「1、2（ワン・ツー）」のリズムのパスを受けて3ポイントを打つという戦術も高さを覆すきっかけを作られます。そのシューターだけでなく、他の選手も相手より速くフロントコートに入ることができれば、オフェンスリバウンドにもからみやすくなるのですから。

相手に2点を取られても、3点を取り返す——。

まさしく**「肉を切らして骨を断つ」**戦い方です。

Chapter1 06

攻撃回数を増やすか、それとも…

攻防の切り換えを意識し、平面バスケットを展開することによって速攻へとつながり、その結果として**攻撃回数を増やすことにも成功します。**高さのある相手に何本かシュートを決められても肩を落とすのではなく、相手が気を抜いているすきに次の攻撃に移行してしまう。そうした戦い方は見ている方としても魅力的であるがゆえに、私自身、大事にしているバスケットスタイルに相当します。

一方でこのような考え方もあります。自分たちの攻撃回数が増えれば、相手のそれも必然的に増える。しかも高さのある相手のほうが確実にゴール下からシュートを決められるだけに、むしろ攻撃回数を少なくするべきではないか――。そうした発想から生まれた戦略が攻撃の制限時間をぎりぎりまで使う「ディレードオフェンス」です。

現行ルールの制限時間は24秒と短縮される傾向にあり、このディレードオフェンスを見る機会は少なくなりましたし、私も好きではありません。しかし以前は30秒、アメリカの大学トーナメント・NCAAでは40秒以上の制限時間だった時代もあり、ディレードオフェンスで勝利を収めたチームもあったようです。

これは極端な例ではありますが、攻撃回数を増やす戦い方を進めながらも、速攻につなげられないケースをはじめ、攻撃時間をコントロールするべきタイミングはあります。

速攻を狙うが相手が戻っている…。そこで3人で2次攻撃「アーリーオフェンス」に移行する。その流れから5人のセットオフェンスを展開する。そうして**リードしている時などは5人でボールをシェアしながら、攻撃時間を有効に使って攻める。**

そうした「コントロールバスケット」も展開できる戦術を用意しつつ、速攻主体のチーム作りを私は普段から進めています。

Chapter1 07

選手層を厚くするために

　自分たちのスピードを活かした平面バスケットを主体に戦うには、脚力の強さをはじめとする体力が不可欠なのは言うまでもありません。相手より素早く動く俊敏性、それを継続する持久力、そして高さのハンディをできるだけ埋められるようにジャンプ力を備えることにも目を向ける必要があります。しかも試合では終始、最大限の力を発揮できるように準備しなければならないのです。

　そして何人の選手がコート上でそれらを表現するかも大事なポイントです。コートに立てるのは5人。力のある5人を固定して戦いたくなるものです。そのほうがチームプレーの連係がスムーズにいくケースも当然ありますが、スターティングメンバーの選手の体力が低下した場合に備えてバックアップメンバーが控えておくのが理想です。

　体力面の問題に加え、ファウルがかさむ事態を想定するという意味でも、各ポジションで控えの選手がいるくらいの選手層の厚さを確保したいものです。

「ツープラトン」という戦術をとるチームもあります。ツープラトンとは選手全員を交代させる戦術のことでアイスホッケーの采配から派生した用語です。代わってコートに入ったメンバー5人がそれぞれの持ち味を発揮し、その間にスターティングメンバーがベンチで体力を回復させるという戦い方です。

5人をいっぺんに入れ替える戦い方の良し悪しは別として、オールコートを走り回って平面バスケットを展開する上では、選手層を厚くして戦うというのは目を向けてもいい発想ではないでしょうか。

攻防の切り換えの精度を保つ上でも、5人だけで戦うことは難しく、コートに入ってすぐ流れを変えられるバックアップメンバーの存在がとても重要なのです。

Chapter1
08
床の硬さも考慮して脚力を強化する

オールコートを縦横無尽に相手より素早く動くには「脚力」が不可欠です。私も高校時代はよく走りました。「ボディコントロール」というフットワークメニューを毎日1時間。コートを往復するシャトルランや、スクワットのような姿勢をとって動く「モンキースタンス」がメニューに組み込まれ、そのきつい練習が終わると達成感を感じたものです。ハードなメニューだっただけに効果はあったと振り返ることができますが、脚力強化などのトレーニングについては、年齢や性別、およびそれぞれの環境に応じて行ったほうがいいと感じます。

たとえば試合期にきついトレーニングを行い過ぎるとコンディショニングが難しくなりますし、練習時間が十分に確保できない事情があるのなら、ボールを使った練習の中に脚力強化のテーマを含むことが必要になるかもしれません。

また近くに山があるチームは、そこを駆け上がるようなメニューが可能でしょうし、海が近くにあるチームは砂浜を走るのも効果的に違いありません。

残念ながら私のチームはそのような環境にないため、体育館でのトレーニングとなりますが、注意しているのは床の硬さです。最近では床にスプリングが設置されて弾力性があり、体への負担を軽減させる体育館も少なくないようですが、私のチームの体育館はそうではありません。

そうした環境下にあることを知らずに、監督に就任したばかりの頃、選手たちにかなりの距離を走らせてしまいました。負傷する選手が出てきてその原因を突き止め、トレーニングの方法を変えたのです。

参考までに私たちが行っているトレーニングの一部を次のページで紹介しますが、みなさんのチームでも負傷する選手が出てくるようでしたら、その原因について考え、トレーニングの内容を再考することをお勧めします。

Chapter1

09

ゴムチューブを使って脚力強化

床の硬い体育館で長時間に渡ってスプリントのトレーニングを行うと、傷害につながる恐れがあります。そこで走る本数を制限しつつ、負荷の掛け方を工夫して脚力強化につなげています。

例えばゴムチューブを使ったトレーニングです。トレーニングする選手がお腹にゴムチューブを当てて、その両端をパートナーが後ろからしっかりと持ちます。トレーニングする選手は、走るフォームを意識して前方に動き出します。そこに負荷を掛けられるように後ろのパートナーがゴムチューブを持ちながら付いていき、8歩から10歩ほど進んだところでパートナーはゴムの片端を手放し、トレーニングする選手はダッシュへと転じるのです。

これと同じ方法でディフェンスのフットワークを鍛えることもできます。横向きになってゴムチューブの負荷に耐えながらスライドステップ（カニ歩きのような格好）で横に移動します。8歩から10歩ほど進んだところでパートナーはゴムの片端を手放し、スライドステップで素早く移動するのです。

トレーニングの専門用語としてはフォームを意識して動き出す時の負荷が「初動負荷」、そこからゴムチューブが伸び切った状態から最大の力を引き出す負荷は「終動負荷」と称され、その両方が脚力の強化に関連していると私は考えます。

それらの詳細はここでは触れませんが、普段の心掛けを脚力強化につなげることも忘れてはいけません。練習と練習の合間に移動する時などゆっくりと歩きながら次の練習位置に移動するのではなく、合図が鳴ったらさっと速やかに移動する。そのような習慣によって俊敏性が磨かれ、素早い動きにつながるものです。

特に練習時間が十分に確保できないチームにとっては、練習を効果的に行う意味でも大事な取り組みだと言えるでしょう。

Chapter1
10
ジャンプトレーニングを導入する心得

自分のジャンプ力を向上させることによって、手が届く最高到達地点を高めることができます。それは低身長の選手でもトレーニングを通じて、ある程度の高さを備えることができるということです。バレーボールの選手を見てもわかるように、何度もジャンプする競技性から人並外れたバネの強さを備えている選手が少なくありません。日頃からジャンプに必要な筋力や感覚が鍛えられているからに他なりません。

私のチームでも選手のコンディションに配慮しながらジャンプ力向上を目的としたトレーニングを行う時期があります。というのも、試合直前に急にたくさん行っても向上する類のものではなく、試合から離れた時期に毎日少しずつ行うべきトレーニングだと考えているからです。

道具を使わないで行えるトレーニングは「リングジャンプ」です。自分がバックボードのどの位置まで飛べるようになったか可視化しやすいだけに目標設定にもうってつけです。

そして手軽な道具として縄跳びも使えます。2重跳びを何度か繰り返すことでジャンプのスピードも高めることができます。が、前述したとおり体育館の床が硬いため、私のチームではマットの上で縄跳びのトレーニングを行うようにしています。

また、ステップ台を用いた「デプスジャンプ」は、ジャンプに必要な筋力を高めるのに効果的です。30センチ程度のステップ台の上に乗り、そこから着地したと同時にすぐさまジャンプの姿勢をとり、再びジャンプするのです。

このようなトレーニングを毎日少しずつ行うことでジャンプ力アップが見込めます。ただし**過度に行い過ぎると、下腿部の傷害につながる危険性もあります。特に成長期にある選手は成長を阻害されないように十分に配慮する必要があります。**

言い換えると、過度なトレーニングが選手の身長の伸びを止めてしまう危険性もあるということです。この点については後述します。

Chapter1 11

分習法と全習法の両面を取り入れる

普段の練習の流れを確認しておくと、ボールを使った練習の前後に前ページで紹介したようなフットワークドリルやウェートトレーニングそしてジャンプトレーニングを行い、ボールを使った練習は攻防それぞれにおける「分習法」と「全習法」二つに整理して行っています。

「分習法」とは個々のスキルアップや、一定エリアでの局面に応じて限られた人数で行う練習のことです。「分解練習」とも称されるとおり、プレーの一連の流れを必要に応じて切り取りながら重点的に取り組むことを意味します。

一方の「全習法」とは、5対5のゲーム形式の練習のことです。基本プレーの習得が最優先の年齢期、しかも練習時間が限られているチームなどは、この全習法に割ける時間は限られているかもしれません。しかしながら**チームの狙いとする戦い方を全習法で確認することは、全体像を把握する意味でも大事なことです。**

つまり、分習法の練習をルーティンとして行うことがその後の全習法の効率アップにもつながるのです。

高さ対策としての分習法と全習法について考えてみましょう。

例えば、高さのある相手に対してシュートを決められる技術を身に付ける。自主練習やチームのシューティングにおける分習法でそれを身に付けても十分ではありません。試合の流れの中でどのようなゲームメイクをすれば、そのシュートテクニックが活かされるチャンスが作られるか、全習法の中でおさえておく必要があるのです。

ディフェンスについても同じことが言えます。高さのある相手をおさえる1対1のディフェンスを覚えるだけでは十分とは言えません。1対1でおさえられない時にどのようなカバーが必要なのか。カバーした選手のマークマン（マークしていた相手）はどうするのか全習法で確認しておく必要があるはずです。

Chapter1
12
3分の追い込み練習

そうした全体像がわかっているのとそうではないのとでは、1対1がメインの分習法に取り組む目的意識が大きく変わってくるはずです。

全習法としてゲーム形式の練習を行う際に、いろいろな決まり事を作ることでゲームライクとなり練習の効果を高めることができます。私が高校時代に指導され、今でもアレンジしながら大事にしているのが「3分の追い込み練習」です。

文字どおり、試合残り時間3分を想定し、5対5の練習を行います。その際にただ力の差があるAチームとBチームが戦うだけでは、ある程度の結果が見えるだけにAチームにとって有意義な練習になりにくい…。

そこで、あらかじめ10点のハンディをBチームに与えます。つまりAチームは3分の間に10点を逆転しないと練習クリアとならないようにするのです。Aチームが勝つためには一度の攻撃を成功しても、すぐさまプレス（前線から激しくプレッシャーをかけるディフェンス）を仕掛けて相手のミスを誘い、速い展開の攻撃を仕掛けなければなりません。このような練習が**実際の試合でリードを奪われている場面を想定したシチュエーションドリルに相当する**とともに、高さのある相手への戦い方にもつながると考えます。

さらに高さのある相手とのゲームをイメージすれば、自分たちのファウルがかさんでいることも想定されます。そこで選手のファウル数を2〜3個すでに記録しているところから「3分の追い込み練習」をスタートするのも手です。つまりAチームはファウルをせずに相手のミスを誘い、攻撃回数を増やさなくてはならないわけです。そのためにはまさに試合と同等の高い集中力が欠かせず、それが選手の習慣になっているようなチーム力が備わらない限り、高さのある強敵は倒せないとも言えます。

このような練習を行う際には、次の試合で対戦するチームの戦い方をBチームが実践することで、試合により反映させやすくなるでしょう。

Chapter1 13

スカウティングで「高さ」を把握しておく

次の試合がどのようなチームとの対戦であれ、その相手にどのような選手がいて、どのような戦い方をするチームなのかという「情報」は貴重です。その情報に基づいて試合前の対策を練り、ポイントを絞った直前練習に反映させるためです。

実際にそのチームが戦った映像などを手にするのが理想でしょうし、近隣のチームであれば何度も対戦したことのある場合も少なくないでしょう。注意しなくてはならないのは、その情報が数か月前のものである場合、選手やチームのスタイルが大きく変わっている場合があるということです。私も全国大会で1、2回戦の準備をしたところ、上位回戦の対策まで手が回らず、以前戦った選手の特性が大きく変わっていて、対応しきれなかったという苦い経験があります。

そうした情報の中で最も気になるのがやはり相手の「高さ」です。各ポジションのマッチアップを照らし合わせてみて、一つの目安として身長差が約10センチ以内であればさほど気にならないかもしれませんが、ここでも気を付けなければならないことがあります。身長の数字だけでなく、人並外れたジャンプ力の持ち主や、腕の長さを武器として高さにつなげている選手も少なくないのです。しかもその選手が成長期にある場合、スタイルの変化に加え、身体的な成長も気にして情報を得ておきたいところです。

その相手のシュート力や走るスピード、そして体重を含めたパワーの有無をあらかじめ知っておくことにより、何も情報がないよりも戦いやすいはずです。

そうしたことについても後述していきますが、「情報」という意味で加筆しておくと、実際に試合が行われる体育館に行っておくことをお勧めします。もし中に入れるのでしたら床の硬さが感じられるでしょうし、ひょっとしたら体育館の奥行きも含めたリングの見え方もわかるでしょう。

そうした予備知識を持っておくことで、試合当日には「高さ対策」に集中して臨めるものです。

Chapter1
14

ステップとターンの特徴をつかむ

「高さに対抗する」ことを意識すると、どうしても目は上方に向きます。しかしながら身長差にかかわらず、シュートをコンスタントに決めるには下半身、特にステップやターンといったフットワークが重要な鍵を握ります。

3歩以上歩く（※新ルールのゼロステップは除く）とトラベリングのヴァイオレーション（身体接触のない規則違反）となるため、ボールを受けて最初に着地させた足が軸足となり、ボールを手離すまで床から離すことができません。これを「軸足（ピボットフット）」と言います。ボールを受けて両足同時に着地させた場合には、最初に床から離した足が「フリーフット（自由に動かせる足）」となり、床に着けているほうの足が軸足になります。そして**選手によってこの軸足が左右どちらかに偏る傾向が見られます。**

一般的には右利きの選手の多くはパスを受けた後、左足を軸足にして右足を動かしながらシュート、ドリブル、パスに移行する選手が多いです。もし次の試合で対戦する高さのある相手がそのようなタイプの場合、「左足を軸足にしてプレーしてくる」ことを予想して対処することも可能です。

さらに細かく分析していくと、左足を軸足にした状態からゴール方向に体を向ける「フロントターン」を得意とするのか、フリーフットを引きながらゴールに正対する「リバースターン」を得意とするのかその選手のスタイルが見えてくることがあるのです。

言い換えると左右両足、どちらが軸足でも安定してプレーできる選手というのはディフェンスにとって対処しづらくなるということです。そしてゴールを背にしてパスを受ける「ポストプレー」をコートの左右どちらで行うことが多いかなども含めて情報を得ておくと、チームディフェンスの戦術を遂行しやすくなるに違いありません。

そして身長差にかかわらずスカウティングする際に見落としがちなのが、右利きか左利きかということです。左利きの多くの選手は右足を軸足にして、左足を自由に動かす選手が多いことも覚えておいください。こうしたフットワークなど次の動作へとつなぐ動きは、プレーの成否を分ける大事なポイントなのです。

Chapter1
15

ディフェンス面の影響力を知っておく

相手チームのディフェンスについてスカウティングする際には、個々のディフェンス能力よりもまずチームディフェンスの特徴が気になるところでしょう。**高校生以上であれば、1対1で相手をおさえることを基本とする「マンツーマンディフェンス」なのか、各選手がエリアを埋めて陣型をとる「ゾーンディフェンス」を主体とするチームなのか情報を得た上で攻め方を考える**はずです。そしてそれらをオールコートで展開してくるのか否かもスカウティングのポイントになってくるでしょう。

現行ルールでは小学生を含めて中学生以下の試合ではルール上、マンツーマン以外のディフェンスは禁止されています。本書では高校生以上の選手も対象としているため、ゾーンディフェンスも交えて説明していきますが、中学生以下の選手にも参考になるように努めたいと思います。中学を卒業した後の備えになりますし、マンツーマンにディフェンスシステムが限定されているとはいえ、マークマンを交換する「スイッチ」や2人がかりでプレッシャーをかける「トラップ」など、ゾーンディフェンスの要素が非常に多く見られるからです。

さて、そうしたディフェンス事情の中で、ビッグマン（高さのある選手）のいるチームに対してどのようなオフェンスを心掛ければいいのか――。

何も情報がなく、ゴール下のシュートに持ち込めば、相手のビッグマンに難なくブロックされる危険性があります。ハエ叩きのごとく、またはバレーボールの選手がパワフルにボールを叩き打つかのように…。そこでビッグマンがどのくらいのエリアを防御の範囲としているか知っておく必要があるのです。

ゴール下のブロックだけなのか。

ガードがドリブルで侵入してきたらヘルプディフェンスとしてブロックしてくるのか。

それとも身長の高さを感じさせないフットワークの持ち主なのか。

そうしたスカウティングの情報に応じて、その**ビッグマンをアウトサイドに引き出すか否かといった戦い方に反映させていく**のです。

Chapter1
16

心体技の重要性

冒頭で述べたとおり、「高さ」というのは、主体となる選手およびチームの事情と、相手となる選手およびチームとの相対的な意味での「感じ方」です。

相手は大きくて強そうだな…。
自分たちは小さいから、勝てるわけないな…。

そういう気持ちばかりが先行してしまっては、いつもどおりの積極的なプレーを発揮することは難しくなってしまいます。

相手のほうがどう見ても大きい。でも必ず勝機はある。
自分たちの何が大きな相手に通用するか——。

いかにこのような心理状況に持っていけるかなのです。が、何も手を施さなければ、いくら強い気持ちを携えても、高さに対抗することは難しい…。そういう気持ちになれるだけのスピードやパワーといった体力面を鍛えるとともに、シュート、ドリブル、パスそしてディフェンスといった技を磨く。「心」を支える「体」と「技」、いわば心―体―技が備わってこそ高さのハンディを覆す糸口が見つかるのです。

一般的には心―技―体と表現されますが、殊、バスケットボールにおいては「体」の占める割合は大きいと言わざるを得ません。それは体の大きな選手に優位性があるということと、それをスピードやパワーで覆す競技としての魅力、両面を感じているからです。

本書では技術的な対策をメインに説明しますが、個々またはチームとして技術を磨くとともに、「高さに屈しない」という気持ちを忘れずに持ち続けてください。

Chapter1

17

粘り強いメンタリティで戦う

前のページで触れたような気持ちの強さは、「ボールに対する執着心」として表れるものです。3メートル5センチの高さにあるゴールにシュートを決める競技性から、ゴール近辺の空中に浮いているボールについては確かに大きな選手が有利かもしれません。しかしながらボールは試合中、終始、その空間にボールが止まっているわけではないのです。

ドリブルやパスを駆使してボールをフロントコートへと運び、シュートチャンスを作るという工程があります。その中で相手のミスを誘発できれば自分たちの攻撃回数を増やせますし、ボールが転がり、どちらのチームの支配下にもないシーンもよくあります。このルーズボールに相手より素早く近寄り、自分たちのボールにする粘り強さが、特に小さい選手、チームには不可欠です。

高さのある選手のほうがゴールに近い分、ゴール下の制空権争いは有利です。が、**床に**

転がるルーズボールは、小さい選手のほうが床に近いだけに有利なはずです。そうした身体的な特性も武器にして戦おう、というのが「平面バスケット」の考え方の一つであり、そこで発揮してほしいのが粘り強さなのです。

そのような**粘り強い戦い方をするチームに対して、高さのある選手が「嫌がる」ことがよくあります。**

高さのある選手は得てして、まわりから大事にされるものです。チーム内では試合のように粘り強く対抗してくるチームメートもいないだけに練習から力を発揮して信頼を勝ち得ているというのが一因でしょう。

そういう選手、あるいはチームにいつもどおり、気持ちよくプレーされたら、高さのハンディを覆すことができません。そこで粘り強いディフェンスでルーズボールの機会を増やして、それを素早く奪取。攻撃面で相手にブロックされてもそのボールを拾って2次攻撃につなげていくのです。

そのようなルーズボールの強さを試合で発揮するには、普段の練習から高い意識でルーズボールを大事にすることが欠かせません。

Chapter1 18

背を伸ばすために

本書は高さのある選手、チームに対してどのように戦うかがメインテーマですが、バスケットボールをプレーする多くの選手は、少しでも身長が高くなりたいと思っているに違いありません。遺伝なども関わるため身長がどれだけ伸びるかは個人差が当然ありますが、バスケットボールを通じて健全に成長してほしいものです。そのためには**運動―休養―栄養それぞれに高い意識を持ち、日常生活を充実させることが大切です。**

中学生や高校生など成長期にある選手の身長が伸びるというのは、細かく言うと骨の端「骨端」が伸びるということです。特に成長期にある選手の骨端は柔らかいだけに、それに付着する筋肉や腱に過度の負担がかかると、成長を阻害し、ひどい場合は傷害につながってしまうケースもあるのです。それだけに筋力強化を目的としたウェートトレーニングやジャンプ力向上を目的としたトレーニングについては慎重に導入してほしいのです。

中には高さのハンディを克服するためにそうしたトレーニングに目を向ける選手も少なくないはずです。そういう方々も自身の成長を阻害しないように注意して、適度な負荷のトレーニングを行うように心掛けてください。

そして練習や試合で精一杯の力を発揮してほしいだけに、大事にしたいのが「休養」です。一週間に数日の休養日を設定するとともに、選手自身は**十分な睡眠を確保してください。**成長ホルモンを最も分泌すると言われている22時から夜中2時までの4時間を含む6時間から9時間程度が適当とされています。

栄養に関しても少々確認しておくと、ご飯やパンなどの炭水化物、肉や魚などのたんぱく質、そして野菜や果物などのビタミンといった栄養をバランスよく摂取することが重要です。特に意識して取り入れてほしいのが、乳製品や小魚（にぼしやしらす）、海藻類などに含まれているカルシウムです。

3食、決まった時間に摂取するとともに、足りない栄養については補助食品なども専門家のアドバイスを受けながら取り入れられると成長を健全に促進させてくれるとともに、トレーニングの効果を高めてくれると考えます。

Chapter1 のポイント

・相手がどんなに高くても、できる限りのことをやる気持ちを忘れない
・ジグゾーパズルのようにコートをとらえ、選手の特性に合わせた動きを組み合わせる
・相手の大きな選手がシュートを決めて喜んでいるすきに、自分たちが得点してしまう
・エンドラインのスローインからの２本のパスを素早く行う
・攻撃回数を含めて戦い方を整理する
・選手層を厚くして戦う
・床の硬さも考慮して脚力を強化する
・負荷の掛け方を工夫してトレーニングする
・チームの狙いとする戦い方、いわば全体像を把握する
・試合でリードを奪われている場面を想定した練習を取り入れる
・スカウティングで「高さ」の細かな特徴を把握する
・ステップとターンの特徴をつかんでおく
・高さを活かす相手のチームディフェンスをスカウティングする
・心－体－技を備えて高さのハンディを覆す糸口を見つける
・ルーズボールを粘り強く奪取する
・日常生活を充実させて、自身の健全な成長を心掛ける

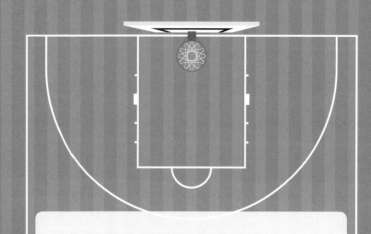

Chapter2

個々のオフェンス スキルを見直す

練習ではシュートが決まるのに、試合になると決まらない。その要因の一つは、大きな相手によるシュートブロックだ。それをかわせるような技術を身に付けて、高さに屈しない攻撃力を装備しよう！

Chapter2
01

平面バスケットに必要な個人スキル

平均身長の低いチームが高さのあるチームを相手に戦うには、「平面バスケット」を展開できるだけのスピードが武器となります。それは攻防両面で言えることですが、この第2章ではオフェンス面の個人スキルに着目してみましょう。

まずガード陣に求められるのは、相手が戻る前にボールを運べるドリブルワークとパスワークです。20ページで触れたとおり、エンドラインからのスローインを受けて「1、2」のリズムで素早くフロントコートへとパスをつなぎ、速攻からの得点を狙います。ボールを移動させるにはドリブルよりパスのほうが速いはずですが、パスミスにつながる危険性が高い場合にはドリブルで運びます。

ドリブルを使う際に、いつも同じスピードで同じテンポのドリブルでは相手に攻撃を読まれてしまいます。そこで平面のスペースを活かしながら、ドリブルの幅やスピードを変えるのです。

ボールを運ぶ際に前方にスペースがあるのであれば、一回のドリブルで大きく前に進むようなドリブルを織り交ぜることで素早い攻撃につなげられる可能性が高まります。そしてゴールに近づくにつれてディフェンスがコースに入るような場面では左右のスペースも活かしながらドリブルを使うことになります。

ただ、ガードだけに走力があってもコンスタントに得点へとつなげるのは難しい…。フォワード陣が先行して走ることでレイアップシュートや、3ポイントシュートへとつなげられます。これらシューティングの技術についてはこの章で触れます。

さらに**チームの武器として備えたいのが、地道にリバウンドに入れるセンターです。**相手の大きなセンターより速くフロントコートへと入ることによってシュートチャンスが増えます。それだけでなく、速いタイミングで仕掛ける自分たちのシュートに対してリバウンドに入るのにも強力な武器となります。

しっかりと走れる体力と、強い気持ちが選手全員に欠かせないということになります。

Chapter2
02
レイアップシュートをアレンジする

ディフェンスを置き去りにして速攻に持ち込み、ノーマークの状態でシュートを決める場面では、ボールを下から持ち上げながらリリースする「レイアップシュート」が最も確実とされています。バスケットボールを始めたばかりの選手が最初に覚える基本プレーの代表格ですが、ビッグマンがすぐそばにいる状況でこのレイアップシュートを行うと、相手にブロックされる危険性がとても高いです。

その危険性をいかに低下させるかが高さ対策の重要なポイントの一つとなるのは間違いありません。そこで代表的なテクニックを整理しておきます。

・「1、2」の基本ステップで打つのではなく「1」だけのステップ、すなわち**ワンステップで相手のブロックのタイミングを外す**

・その際にボールをリリースするのとは**逆の手を伸ばしてボールをガードし、**ディフ

エンスにボールを触られないようにする。ボールを大きくプロペラのように回す格好になることから「ヘリコプター」とも呼ばれる

・スピードを活かしながらゴール方向にジャンプし、**ボールを持つ腕を大きく伸ばして相手の手が届かない位置からリリースする**

・相手ディフェンスがいない方向に大きくステップを踏みながらシュートを打つ位置を工夫する。国内では「ユーロステップ」とも呼ばれる

もっと言えば、左右両手でこれらのシュートが決められるようになることが理想です。そのようにプレーの幅を広げることでディフェンスはプレーが読みづらくなります。つまり、ディフェンスのポジションやシュートを打つタイミングに応じて、相手にとってブロックしにくいシュートを打てるようになるというわけです。

Chapter2
03
ブロックのタイミングを外す

みなさんも大きな相手のブロックをかわすためにいろいろな工夫をしていると思いますが、前のページで紹介したように、シュートののテクニックを増やすと、プレーの幅を広げることができます。中でも特にお勧めしたいのが「ゴール下のタップシュート」です。ジャンプしながらチームメートからのパスを受け、着地せずにそのままシュートに持ち込むプレーで、相手ディフェンスはボールばかり見ている場合が多く、シュートチャンスが作りやすいのです。

他の競技を見ても、これと似た発想のプレーがあります。バレーボールでは「Aクイック」というコンビプレー。セッターがトスを上げる前にアタッカーはすでにジャンプを始めて、相手の大きなブロッカーが「やばい…」と思った時には、コートに打ち込まれているプレーです。相手のブロックをかわすために、相手より速くジャンプするという発想は、バスケットボールのタップシュートと同じです。

サッカーでもゴール前に上げられたセンターリングに対して、大きな相手にヘディングで勝つには相手より速くジャンプするのが鉄則です。ただしサッカーの場合、バスケットボールとは違ってコンタクトプレーが生じやすいため、体を使った駆け引きにおいて違いがありますが、滞空時間の長いジャンプが武器になるという意味では、空中でパスを受けてそのまま打つタップシュートと似た要素が多いプレーと言えそうです。

実は私自身、高校時代はセンターとしてプレーしていて、このタップシュートを覚えたからこそ1年生の頃から試合に起用されたという経験があります。**大きくて強い3年生が相手でも、先にジャンプしてパスを受けられれば得点できる――**。そういう自信が得られただけに、タップシュートが高さを覆すきっかけになるという思いが強いのです。

とはいえ、このタップシュートは、ビッグマンが高さを活かす上でも効果的です。ジャンプしてパスを受けてそのままダンクシュートに持ち込む「アリーウープ」を、小さいチームが止めるのは至難です。

たとえ豪快に決められても、攻防を速く切り換えることを忘れないように！

Chapter2
04

フローターを有効に使うために

相手のゴールに向かってドリブルしたり、ゴールの近くでパスを受けることによって確率の高いシュートチャンスを作ることができます。ところが一方のディフェンスもそういうシュートを打たせないようにボールマンとゴールを結んだ架空のライン「インライン」にポジションをとって、ボールマンをゴールに近づかせないように対処してくるものです。特に相手のビッグマンがヘルプポジションをとり、ゴール下のレイアップシュートをブロックする準備を整えているケースが多いです。

そうしたシーンで頻繁に使われるシュートテクニックが、**早めのタイミングでリリースし、ボールをふわりと浮かせて相手のブロックをかわす「フローター」**でしょう。「ティアドロップ」とも称されるこのシュートは、低身長の選手には欠かせないテクニックであり、相手のビッグマンのブロックをかわして決められると、高さに対する恐怖心を軽減させられます。

それだけにドリブルが得意なガードやフォワードが自分のマークマンを抜いて、立ちふさがるビッグマンをかわそうとフローターを多用しようとします。ところが安定して決められるようになるには相当な練習量が必要です。言い換えると、優先的に使うべきテクニックというより、いざという時のために備えておいたほうがいいということです。

では、どのようなプレーを優先するべきか——。

基本的にはゴール近くの確率の高いシュートです。自分のチームにビッグマンがいるなら、そこにボールを入れて高さを活かしてシュートを決める。低身長の選手がゴールに向かうようなシーンでもできるだけゴールの近くまで侵入して高い確率のシュートチャンスを探す努力は続けるべきです。たとえシュートが決まらなくても、相手のファウルを誘えればフリースローのチャンスを得られる可能性があるからです。

また、相手のビッグマンを引き付けている分、自分のチームのセンターにパスを合わせやすくなります。そうしたプレーが難しい時や制限時間が少ない場面などどうしてもシュートを打ちたい時などにフローターを有効に使いましょう。

Chapter2
05

フローターを決めるための一工夫

ドリブルで自分のマークマンを抜き、フローターを使う際に注意してほしいのがステップの踏み方です。

体がゴール方向に流れている状態のまま、フローターを決めるのは高難度です。そこで両足を同時に着地させるジャンプストップで体を安定させてからフローターを打つのが基本となります。ジャンプストップから真っすぐ上にジャンプし、その時の勢いもボールに伝えながらシュートを打つイメージです。しかしながらこの基本プレーだと、相手のビッグマンにブロックのタインミングを計られやすいという側面があります。そこで片足着地からフローターに持ち込むランニングステップが使えます。

通常、右手でシュートを打つ場合、右足―左足の順に着地させる格好が基本となります。しかしこの基本プレーもブロックされやすいタイミングなので、最初の一歩目すなわち右足だけのワンステップでフローターに持ち込むのです。または左足だけのワンステップからフローターに持ち込むこともできれば、相手はどのタイミングでシュートをリリースされるか読みにくくなります。

こうしたステップの踏み方は当然、通常のレイアップシュートを打つ際にも使えるテクニックです。

普段からストレッチポール（円柱の形状のトレーニング用具）などを用いて相手のブロックを想定してフローターの精度を高めることが重要ですが、前項で述べたとおり、試合で積極的に発揮してほしいプレーとは言いにくい部分があります。ゴールに向かったものの他にプレーの選択肢がない場面や制限時間が少ない場面、そして相手のビッグマンとの間合いをはじめとする駆け引きの中で適切に発揮してほしいプレーと言えます。

Chapter2
06

ガード陣もポストプレーを覚える

ゴールを背にしてパスを受けて攻撃を展開するポストプレー。ゴール近辺でのエリアにポジションをとることが多いセンター陣には欠かせないスキルの一つです。が、相手チームにビッグマンがいる場合には、いくつかの工夫が求められます。

・パスを受けてからのステップを相手に読まれないようにする
・シュートを打つタイミングをずらしてブロックをかわす
・シュートを打たずにパスをさばいて攻撃を展開する
・ドリブルをはさみながらシュートかパスかの判断を正しく行う

こうした戦い方について個人でできることとチームとしてできることについて説明していきますが、まず目を向けてほしいのは全員がポストプレーをできるようにするということとです。なぜならゴールから遠いアウトサイドのエリアにポジションをとることが多いガード陣はポストプレーを行わない傾向が見られるからです。

どうしてガード陣にポストプレーを強く要求するかというと、**ガード陣の身長差がない場合など積極的にポストアップする（ポストマンとしてポジションをとる）ことによって攻撃がスムーズに展開される**場合が多いからです。

相手のセンター陣がヘルプに寄れないポジションにいるならポストアップしたガード自らがシュートに持ち込める可能性があります。相手のガードはポストプレーのディフェンスに不慣れであることが想定できるだけにファウルでしか対処できなくなるかもしれないのです。たとえシュートを打てなくても、ポストプレーからパスをさばくことでゲームをコントロールしやすくなることも考えられます。

そのように攻撃バリエーションを増やすためにもガード陣はポストプレーのようなコンタクト（接触）プレーに普段から慣れてほしいところです。相手とのコンタクトをいとわない強さがポストプレーには不可欠だからです。

Chapter2

07

1.5フェイクの勧め

54ページで床に着地せず打つ「タップシュート」について触れましたが、これはいわば「ゼロカウント」で打つシュートと言えます。状況に応じて、一度床に両足で着地するジャンプストップをしてシュートを打つケースもあるでしょう。これは「ワンカウント」と言い換えられます。

このワンカウントのシュートは、ゼロカウントのシュートより体が安定する分、確実かもしれませんが、相手にシュートのタイミングを読まれやすいというデメリットがあります。そこに攻防における「駆け引き」が生じます。

攻撃を仕掛けるボールマンは、シュートを打つ素振りを見せる「フェイク」でディフェンスを揺さぶります。ディフェンスがそのフェイクに引っ掛かって先にジャンプすれば、タイミングを遅らせることによってシュートを打つことができます。すなわち「ツーカウント」でシュートを打つ格好となるわけです。

ところがそのフェイクばかり使っていると、ディフェンスにツーカウントのシュートを読まれ、ブロックのタイミングを合わされてしまうのです。そうしたディフェンスとの駆け引きに使ってほしいのが、「1・5フェイク」です。具体例を挙げると、**体を180度ターンさせる動きをフェイクとしていて相手に読まれたら、90度ターンの段階にシュートに持ち込む**わけです。

このようなフェイクの工夫は、ボールを上下させてシュートを打つ素振りを見せる「ポンプフェイク」にも当てはまります。シュートモーションの大きさやスピードが一定のポンプフェイクを何度も使っていたら、相手ディフェンスにブロックのタイミングを合わされます。そこで「1・5フェイク」と同様に、フェイクの途中で止めてシュートに切り換えるなど駆け引きするのです。

フェイクを使うのか否か、使うならどのタイミングなのか、そしてどのくらいの大きさの動きをフェイクとするのか——。そうした1対1の駆け引きもバスケットボールの醍醐味の一つです。

Chapter2
08

体の幅を意識して使う

バスケットボールにおいて有利な体格と言えば、高さのある身長であることは間違いありませんが、「体の幅」も大きな武器になることを忘れてはいけません。大きなディフェンスに対して半身の体勢をとり、体の幅を使ってボールを遠いところでキープして攻撃を仕掛けるのです。その代表的なプレーが「フックシュート」です。

先の曲がった金具を何かに引っ掛けることを意味する「ｈｏｏｋ」を語源とするこのシュートは、素早く肩越しにボールを持ち上げて、ボールを持っているほうの腕を伸ばして片手で打つ格好になります。

ゴールに正対して打つ通常のジャンプシュートに比べて、ゴールに対して半身の体勢から打つこのフックシュートは難度の高いシュートではあります。が、毎日のシューティングメニューに組み込み、無意識で使えるようになるまで体に覚え込ませることでシュート率は上がります。言い換えると、日々の努力で**体の幅を活かすフックシュートのような武器を備えないと、高さのある相手と戦うのは難しい**ということです。

このフックシュートはパスを受けてからすぐに持ち込むプレーだけでなく、体の幅を使ったドリブルからも繰り出すことができます。それだけではありません。フックシュートのような片手でのシュートを左右両手で、しかも素早く正確に行えることで、オフェンスリバウンドを取った時のリバウンドシュートでも威力を発揮するのです。

ここ最近は、ゴール方向にランニングステップを踏んでからフックシュートを打つような高度なプレーもトップレベルでは見られるようになりました。が、激しく動いた状態で相手のブロックをかわし、バックボードの上にぶつけて決めるような「ランニングフック」は高難度です。

そこでまずはゴール下のステップから真っすぐ上にジャンプし、スウィッシュで（リングにボールを当てないで）決めることをイメージしてトライしてみてください。

Chapter2
09

ディフェンスのブロックを意識した練習を

練習ではシュートが決まるのに、試合では相手が気になってなかなか決まらない――。

誰もが感じたことがあるはずですが、それだけに大事なのは練習をいかに試合の状況に近づけていくかということです。特に大きな相手のシュートブロックは気になるものなので練習から、相手のブロックを想定したシューティングを行っておくことが欠かせません。例えば、コーチやパートナーがストレッチポール（円柱の形状のトレーニング用具）や、ほうきを持ってダミーディフェンスを行い、**シュートを練習する選手にブロックを意識させる**ことができます。

すでにダミーバッグを用いてコンタクトを意識してシューティングを行っているチームもあるでしょう。そのバッグを持ち上げるだけでもシュートを打つ選手に高さを意識させることはできます。

普段の練習だけでなく、試合直前のシューティングでもパートナーにダミーディフェンスとして立ってもらうのも効果的です。ダミーディフェンスがいない状態でシューティングを行うと、自分のシュートフォームやシュートタッチがいつもどおりか確認しながら丁寧にゆっくりと打つものです。決して悪いことではありませんし、シュートフォームを確認するシューティングも必要ですが、試合ではそのようにゆっくりと打てるのはフリースローくらいのものです。

したがって**練習でもディフェンスの存在を意識しつつ、リラックスしてさっと打つようなイメージでシューティングを行う**のです。

そうすることで試合の緊張感にのまれ過ぎることなく、いつもの自分のリズムのシュートを思い出しやすくなります。いわば『決まらなかったらどうしよう…』と力むことなく、無の境地で自然にシュートが打てるものです。

Chapter2 10

シュートフォームを改善してレンジを広げる

高さのある相手と戦えるようにする上でポイントの一つとなるのが、自分のシュートレンジを広げていくことです。片手で打つワンハンドシュートか、両手で打つツーハンドシュートかについては後述しますが、ゴール下からワンハンドで決められるようになった選手がシュートレンジを広げていく場合、二つの原則をまずチェックしてください。

・ボールが左右にぶれることなく、真っすぐに飛んでいるか
・リングに当たらないで入る「スウィッシュシュート」となるくらいに、高いアーチをボールが描けているか

ゴール近辺のエリアからでは自然にできていたこれらのシュートが、打つ位置が遠くなるにつれて、窮屈なフォームになってしまう選手が少なくありません。ボールを遠くに飛

ばすにはある程度、利き腕を立てる必要がありますが、手首や肩の柔軟性が足りないと窮屈に感じられる場合があるのです。

そういうタイプの選手がけっこういて、私は次のように指導しています。


「利き手側の足を少し前に出して、自然な格好で腕を立てなさい」と。


つまりゴールに対して両足を真っすぐ平行に置く姿勢から、右利きの選手であれば、右足を半側分から一足分ほど前に出すのです。そうすることで自然と腕が真っすぐになり、下半身からの力をボールへと伝えやすくなることが多いです。

フリースローライン付近からのシュートがコンスタントに入るかどうかが一つの目安となりますが、ぜひ取り入れてほしいのが「素振り」です。ボールを持たずにシュートの一連の動きをしてみてください。ボールを持っていると入ったかどうかばかりに目が行きがちですが、素振りであればフォームの良し悪しに集中してチェックできます。

鏡の前などで正面や横から自分のフォームをチェックしながらシュートレンジを広げましょう。

Chapter2

11

相手との間合いのとり方を工夫する

身長差に関係なく1対1の駆け引きにおいては相手との距離、すなわち「間合い」をどの程度とるかが重要なポイントになります。ディフェンスの立場から言えば、腕一本分の距離「ワンアーム」を基本にシュート、ドリブルそしてパスを警戒しながら間合いをとります。一方の**オフェンスはこの間合いを広げたり、逆にわざと狭くするなどしてディフェンスを揺さぶり、攻撃の糸口を探る**わけです。そして小さな選手が大きな選手と対峙する際にも、この間合いのとり方を工夫することが求められます。

大きなディフェンスを相手にシュートを打つためには当然、ブロックの手が届かないくらいの間合いをとりたいところです。そのための方法はいくつかありますが、次のようなプレーが代表的です。

・パスを受ける前に十分な間合いをとれるように走って、相手のマークを振り切っておく（ミートアウト）
・シュートを打つ素振りを見せて大きな相手を先にジャンプさせ、そのすきに逆側にステップを踏んで間合いをとる（ポンプフェイク）
・後ろにステップを踏んで間合いを広げる（ステップアウト）

ボールマンが間合いをとってシュートを打とうとすれば、当然ディフェンスは間合いをつめようとします。そこに駆け引きが発生します。ボールマンにしてみればスピードなども活かしながら大きな相手を一気に抜き去りたいところです。
・前に出てくるディフェンスの勢いを利用して、一気に抜き去り距離を広げる（ムービングレシーブ）
・ゆっくりとしたドリブルに付いくる相手に対して、ドリブルのスピードの変化で距離を広げる（チェンジオブペース）
・縦の動きに付いてこようとする相手に対し、ドリブルの方向を横にチェンジして距離をとる（インサイドアウト）

このようにスピードをコントロールしながらドリブルのスキルも駆使するのです。

Chapter2

12 間合いを広げてシュートに持ち込む

ドリブルで間合いをとってシュートに持ち込む方法について細かく考えてみましょう。オールコートを使えるのであれば、スピードを活かしながら何度でもボールをつけますが、ゴールに近いエリアでは他のディフェンスがヘルプで寄ってきてしまいます。そこで最低限のドリブルで大きく移動してシュートチャンスを作るスキルが効果的です。1度か2度のドリブルを止めてシュートに持ち込むのです。

横、または斜め前に大きく移動するこのプレーのポイントは「バランス」です。体が流れてしまうとシュート率が低下してしまうので、しっかりと止まり、フロアに対して真っすぐ垂直にジャンプしてシュートを打つのが基本です。

ステップを後方に踏んで相手との間合いをとるプレーは「ステップバック」または「キキムーブ」と呼ばれています。ただし**真後ろにステップを踏むより、斜め後方にス**

テップを踏んだほうが体を安定させやすくジャンプシュートに持ち込みやすいはずです。

ドリブルの動作を止めて、右足で床をキックして左足で止まり、シュート体勢を作る。左足で床をキックした場合は、右足で止まりシュート体勢に入ります。両方ともできるのが理想ですが、右利きの選手の場合は、右足でフロアをキックして左足で止まるステップのほうがプレーしやすいものです。そこで、左足が軸足となるこの格好からまず覚えて逆側のプレーに取り組んでもいいでしょう。

左利きの選手の場合はこれらの手順を逆にしてください。

ステップバックしてもなお、大きな相手がブロックの手を伸ばしてくるケースがあります。特に攻撃の制限時間がぎりぎりの時などは相手もシュートに的を絞ってディフェンスしてくるからです。

そういう対応も想定して、体を後方に倒しながら打つ「フェードアウェーシュート」にもトライしてみてください。ボールを持つ腕を立て、足でも体のバランスをとりながら打ち切ることがポイントです。

Chapter2
13

ストロングポイントを発揮するために

トップにいるボールマンからウイングでパスを受けるように指示すると、多くの女子選手はゴール側の足を軸足とする「インサイドフット」のプレーを自然と行います。ゴールに向かって右サイドのウイングであれば右足―左足の順、ゴールに向かって左サイドのウイングであれば、左足―右足の順に足を着地させるような格好になります。

確実にパスを受けられ、ツーハンドシュート（78ページ）を打つために体を安定させやすいという意味で基本プレーであることを否定しませんが、このステップの踏み方だけを繰り返すだけではなかなかディフェンスを攻略できないものです。ゴールに体を向けるのが遅くなり相手に対応されたり、そのステップのリズムを読まれて間合いをつめられてプレッシャーをかけられる危険性もあるからです。

特に、高さのある相手に対してはスピードを活かしたドライブに持ち込みたいシーンでも、小さい選手のストロングポイントを発揮することが難しくなってしまうのです。

そこで覚えてほしいのが、**ジャンプストップ（両足着地）でパスを受けながら広めのスタンス「ワイドステップ」をとる攻撃体勢**です。このほうがクイックに攻撃を仕掛けられ、ドライブに移行しやすいというメリットがあります。

さらに状況に応じて「インサイドフット」とは逆の順となる「アウトサイドフット」も織り交ぜることで、相手に読まれることなく攻撃を展開しやすくなります。ゴールに向かって右サイドのウイングであれば左足―右足の順、ゴールに向かって左サイドのウイングであれば、右足―左足の順に足を着地させるステップの踏み方です。

つまり**相手の状況およびプレーの狙いに応じてどちらの足を軸足にしてもプレーできるスキルが重要**なのです。

加えて利き手とは逆の手のドリブルスキルを磨くことも強くお勧めします。右利きの選手同士が対峙した場合、左手側のドライブが有効なのです。なぜなら右利きの選手がディフェンスしている際、右足側にドリブルされることを嫌がる傾向が見られるからです。左右両方の手のドリブルも、スピードを活かす上でのきっかけになるのです。

Chapter2
14
3ポイントシュートを武器にする

高さのある相手に対抗する上で大きな武器となるのが3ポイントシュートです。私が高校時代は3ポイントシュートのルールがまだ導入されておらず、攻防の切り換えを武器に全国大会を連覇したものです。ところが、私が卒業した翌年から同ルールが導入されるや、3ポイントシュートを武器としたチームに後輩が連覇を阻まれるという苦い思い出もあります。そして今や国内のみならず、NBAでも3ポイントシュートを中心としたオフェンスで頭角を現すチームも出てきています。

個々のシュート力向上およびチームとしてどのようにそのシュート力を発揮するか、特に小さいチームにとっては命題になってきます。

チームとしての戦い方については次章以降で触れるとして、ここでは個々の3ポイントシュートについて整理しておきましょう。

・ワンハンド（片手）で打つかツーハンド（両手）で打つか決め（次項参照）、**自分のシュートフォームが固まったら、素振りをしてみましょう。**ボールを持って打ってばかりだと入ったか否かに目が向き、フォームを細かく確認できないからです

・ボールを持ったら3ポイントシュートをいきなり練習するのではなく、**ゴール下から少しずつ距離を広げていく**こと。最初から3ポイントシュートを打つと力ばかりが入り、フォームを確認できないからです。それは3ポイントシュートをすでに武器として備えた選手にも共通して言えることです

・ワンハンドでもツーハンドでもボールを飛ばそうとすると手が体の前に出てしまいがちです。そうではなく**ボールが高いアーチを描くようにイメージしながらフォロースルーを**残してください。ボールの最高到達点が、バックボードの上端から50センチから1メートルほど高くなるのが目安です

・空中のある点に放るような感覚です

・するとリングに対してボールが45度程度の入射角で吸い込まれていくことになります

自分のフォームを確認しながらトップ、左右コーナー、左右ウイングで、しかも各ポジションで左右どちらの足を軸足にしても打てるように練習しましょう。

Chapter2 15

ワンハンドシュートか ツーハンドシュートか

シュートの打ち方には、片手のワンハンドシュートと両手のツーハンドシュートがあります。世界的に主流なのはワンハンドシュートで、日本国内では男子がワンハンドシュート、女子選手の多くがツーハンドでシュートを打ちます。

ワンハンドとツーハンド、どちらが高さに強いか――。

打点を高くしやすいのはワンハンドシュートです。体の一本の軸が作りやすい分、シュートの軌道を安定させやすいですし、左右前後に踏むステップにも連動してシュートに持ち込みやすいというメリットがあります。また、ドリブルやパスのプレーにも移行しやすいという意味でもワンハンドシュートを強く勧めたいところではあります。

しかしながら**中学時代までツーハンドでシュートを打ってきた選手に関して、高校で無理にワンハンドシュートのフォームに切り換えるようには強制していません。**ワンハンドシュートで打ってみるようにトライはさせますが、各選手に見合ったフォームを一緒に探していく指導スタンスです。

ワンハンドシュートのフォームを手にして、高さに対抗できるスキルを多く身に付ける選手がいる一方で、ツーハンドのシュートフォームに磨きをかけ続ける選手もいます。特に3ポイントシュートについてはツーハンドで打ちながら、ゴール下やミドルレンジはワンハンドという選手も少なくありません。

日本の女子のトップレベルを見ても、ツーハンドの素晴らしいシューターはいます。ワンハンドより打点が低い分、その前の動きで**相手を振り切る動きやシュートモーションを素早く、かつ正確に行えるようになることこそ高さ対策になる**と考えています。

Chapter2 のポイント

・しっかりと走れる体力と、強い気持ちが全員に欠かせない
・シュートの打点を高くする
・タップシュートでブロックのタイミングを外す
・タイミングよくフローターを使う
・フローターのステップの踏み方を確認する
・ガード陣もポストプレーを覚える
・相手との駆け引きでフェイクを上手に使う
・体の幅を意識して使う
・ディフェンスのブロックを想定した練習を行う
・シュートレンジを広げる
・相手との間合いを考えて１対１に臨む
・間合いを広げてシュートに持ち込む
・どちらの足を軸足にしてもプレーできるスキルを身に付ける
・３ポイントシュートを武器として備える
・自分に見合ったシュートフォームを探す

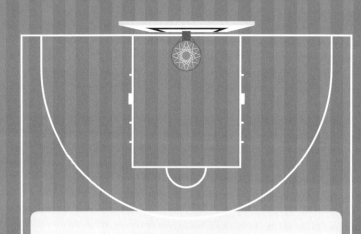

Chapter3
チームで高さを打ち破る

1対1で勝つことは重要な意味を持つが、バスケットボールが5人対5人のチームスポーツであることを忘れてはならない。1人で攻めきれない場面では、チームメートと協力して攻撃することも可能だ。そうしたチームオフェンスが高さを打ち破るきっかけを作る。

Chapter3

01

あうんの呼吸のパス

たとえ大きな相手にシュートを決められても、攻防の切り換えを速く行えることが小さいチームには不可欠です。いわば「平面バスケット」を展開する上では、個々のスピードにプラス、速い展開に持ち込めるチームプレーが求められます。その鍵を握るプレーが「パス」です。なぜならいくら足が速い選手がドリブルでボールを動かしても、パスによるボールスピードにはかなわないからです。

相手のシュートが決まった後、エンドラインのスローインからの2本のパスを「1、2」のリズムで素早く行う重要性については20ページでも触れました。こう記述すると簡単そうですが、パスを主体としたチームオフェンスを構築することは日々の積み重ねが必要です。パスは選手の体からボールが離れている時間が長いだけにミスにつながりやすいという側面があります。それだけにディフェンスの状態や試合状況に応じて、チームメートがどこにどのタイミングで動くかを正確に把握しなくてはならないのです。

そうした**状況判断を個々が正確に行い、チームとして共通理解する必要があります。つまりコート上の5人が同じイメージで戦い続けられるようにしておくわけです。そこに選手どうしの「あうんの呼吸」が生まれます。**

例えば、ボール運びにおいては次のようなシーンです。

・エンドラインからのスローインを行う選手Aがボールを手にするタイミングで、レシーバーの選手Bがタイミングよく近寄ってパスを受ける。しかもその走り込むスピードも活かしてボール運びに転じることが重要

・選手Aに近づいて選手Bがパスを受けようとしたところディフェンスがパスコースをケアするため、ディフェンスの裏側に走り込んでパスを受ける

こうしたシーンで選手Aが走り込むタイミングが早くても遅くてもディフェンスにパスコースに入られます。また、選手Bがディフェンスの裏側に方向転換を図っているのに、選手Aが把握しなければパスはつながりません。そうした意志の疎通が不可欠なのです。

Chapter3

02 タップパスで速攻を展開する

あうんの呼吸でパスを展開できるようになるには、練習を通じてチームメートのことをよく知っておく必要があります。速攻時、先行して走るチームメートに対し、ゴール近くまで投げれば追い付いてくれる選手がいる一方で、走る数メートル先にパスを合わせる必要がある選手もいます。そうした特性をチーム内で理解し合い、それに基づいて正確にパスのスキルを発揮することが「あうんの呼吸」を感じさせるプレーになるのでしょう。

2人のオフェンスが速攻を展開し、それに対して1人のディフェンスが対応しようとするシーン。ボールマンがドリブルでゆっくりと進んでいたら、他のディフェンスが戻ってきてしまいます。そこで2人のオフェンスが素早く、しかもディフェンスに読まれないタイミングのパス交換で攻撃を仕掛けるのです。

練習では次のような流れで進めています。

・ジャンプと同時にパスを受け、着地する前にパスを出す（タップパス）
・走りながら、2人ともボールにタッチするだけでパス交換する（タッチパス）
・3人で手渡しパスを繰り返しながら進む（クリスクロス）
・エンドラインからの3本のパスでシュートに持ち込む（1、2／ワン・ツー）

特に最初のパスは「タップパス」と呼ばれ、ディフェンスのタイミングをずらす上で効果的なプレーです。着地してステップを踏んでからパスを出す、いわばワンカウントだとディフェンスにスティールを狙われるのに対し、このタップパスはタップシュート（54ページ）と同様、いわばゼロカウントでパスを出す格好となるだけにディフェンスとしては対応しづらいのです。さらにタップパスの動作をフェイクに使う「タップパスフェイク」も有効です。

ただし走りながら、しかもジャンプしながらの空中プレーなので練習でしっかりできるようになってから試合で使うようにしてください。

Chapter3
03

セーフティマンがいても早めに仕掛ける

攻防の切り換えを速く行い、先行して走る選手にパスを送ることによって、ノーマークの状態でレイアップシュートに持ち込む。これが平面バスケットの理想的な得点の形と言えます。

ところが相手チームの中にも、速攻を警戒して早めに戻っている選手がいることを想定しておかなければなりません。そのような選手は「セーフティマン」と呼ばれていて、多くの場合、フォワードやセンターにパスをつないだガードがセーフティマンとして戻っているケースが多いです。その1人のセーフティマンで対応してくる相手ディフェンスに対して、2人、3人で畳みかければ、完全にアウトナンバー（数的有利）の形で速攻に持ち込むことも可能です。

オフェンスにおいて判断が難しくなるのは、相手が2~4人戻っていて、こちらもほぼ同数の攻撃陣が仕掛けるようなシーン。大抵、このような心理状態になります。

味方の5人がポジションについてからいつもの攻撃を始めよう——。

ところが、そうやって**時間をかけてしまうと、相手の大きな選手も戻ってきて、インサイドから攻めるのがより難しくなるケースがあります。そこで早めに仕掛ける「アーリーオフェンス」を主体に戦うことも、高さのあるチームに対しては効果的です。**

その攻撃バリエーションについては後述しますが、アーリーオフェンスをスムーズに展開する上で大事なことはフロントコート（敵陣）への走り込み方、言い換えればどのようなコースどりをするかです。

日本が世界と戦う上でキーポイントの一つとなるこのアーリーオフェンスについて、もう少し深く考えてみたいと思います。

Chapter3

04

ディフェンスを引き付ける意識を持つ

速攻に持ち込み、ノーマークのレイアップシュートを狙う。たとえ相手のセーフティマンが戻っていても、アーリーオフェンスを早めに仕掛けて、確率の高いシュートチャンスを作る。そうしたオフェンスの形を作るためには、どのようなコースどりで走り込むかが重要な意味を持ちます。

特に両サイドの3ポイントラインと3ポイントラインの間のエリア、つまり**ゴールから離れたスペースでの動き方を工夫する**必要があります。

・ディフェンスの戻りが遅く、ノーマークの状態であれば、縦に走って速攻を狙います
・「1、2（ワン・ツー）」の攻撃、すなわち素早いボール運びからアーリーオフェンスに持ち込む際には、斜めの動きが必要となります。さらにディフェンスのいない裏のスペースに他の選手が飛び込んで攻撃します

・ディフェンスにマークされている場面などでは、横に動く「スイング」でパスを受けられる準備をします

このような動きを組み合わせながらコートバランスをとることがポイントで、5人のポジションに関係なく、状況に応じて5人が適切な動きをすることが特に小さいチームには求められるのです。

それにプラス、「ディフェンスを引き付ける」ことも意識することが大切です。私がサッカーを観戦している際、あの広いコートを斜めに1人、2人とダイナミックに走り、速攻を展開するシーンがありました。するとその動きに対応するためディフェンスも1人、2人と引き付けられ、逆サイドのスペースがぽっかり空いたのです。

そこに3人目の選手が裏のスペースに飛び込むシーンを目の当たりにし、バスケットボールにも通じる戦術だと思ったのです。

1人、2人とフォワード陣が走ってディフェンスを引き付け、逆サイドを後ろから走り込むセンターにパスをフィードする。または空いたスペースにガードがドリブルで侵入するなど戦術的な広がりが見えてくるはずです。

Chapter3

05

ディフェンスが戻らないうちに攻める練習例

速攻やアーリーオフェンスに持ち込めるように、みなさんもいろいろな練習をしていると察します。3人1組になり、先行して走る選手にパスしてレイアップシュートに持ち込む「スリーメン」が代表格。往復で行う練習方法もあれば、シュートを決めた選手がディフェンスになり、2対1で戻ってくるという工夫の仕方もあります。

5人によるチームオフェンスを想定してディフェンスなしで「から動き」を行うことも大事ですが、いずれにしても**意識してほしいのは「考えて走る」ということ**です。**どのように走れば速攻に持ち込めるか、ディフェンスが戻っていてもアーリーオフェンスを展開できるか。**そうしたことをテーマにお勧めしたいのが「リトリートの4対4」という練習です。リトリート（retreat）は「（自陣に）下がる」という意味合いなのでディフェンス練習なのですが、速攻やアーリーオフェンスに持ち込む上での走り方も同時に学べます。

図解　リトリート4対4の練習例

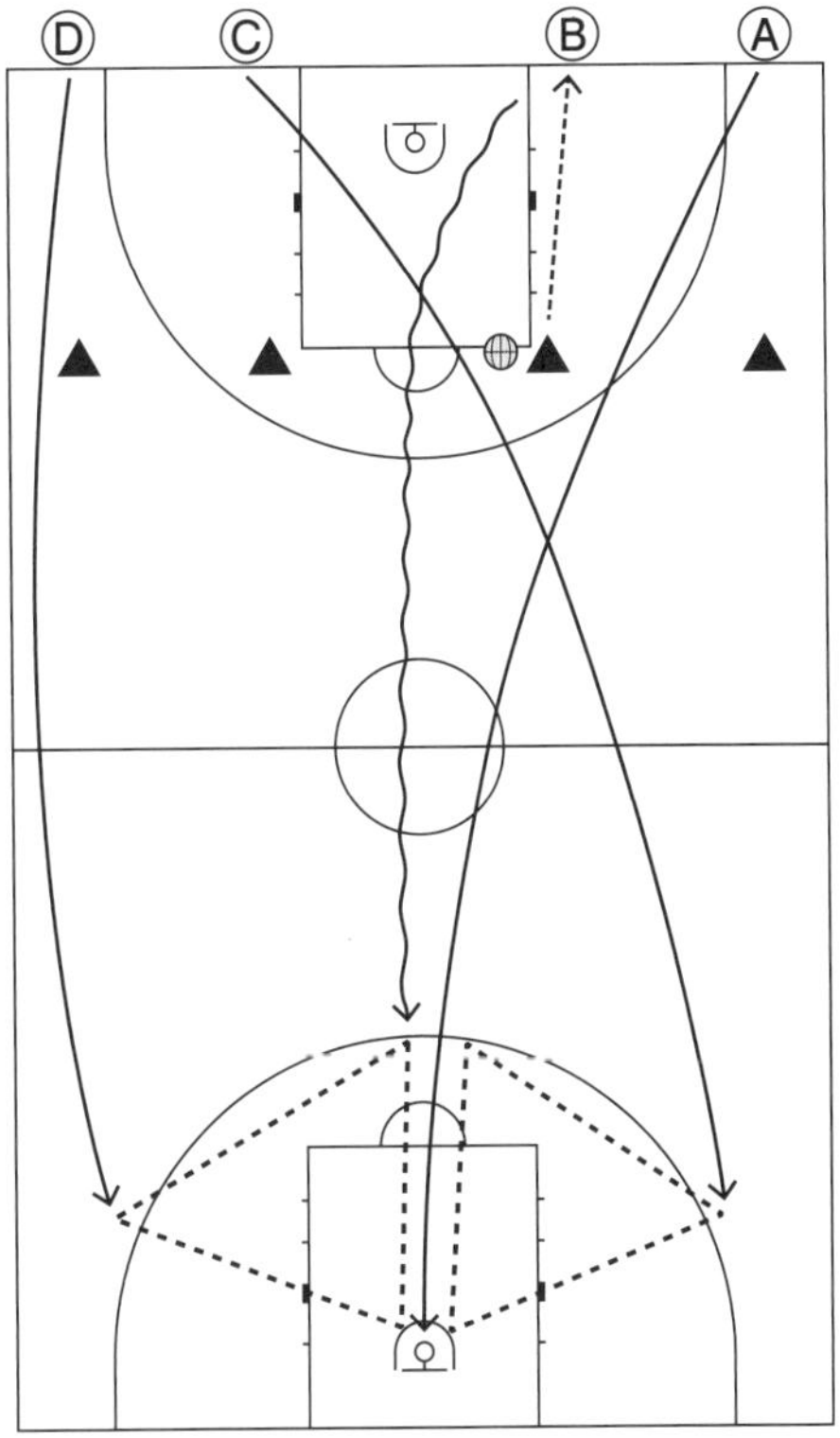

方法としては図のように、ディフェンス（▲）4人がフリースローラインの延長線上に並び、オフェンス4人はベースライン上に並びます。ディフェンスの1人がボールをオフェンスにパスし、そのディフェンスの選手だけベースラインにタッチして自陣に戻ります。つまりオフェンスはそのディフェンスが戻る前に、4対3のうちにできるだけ攻撃を仕掛けるわけです。

このような練習を通じて2人がウイングとして必ず走り、（図のように）二つのトライアングル（三角形）を作るといった約束事を作ると、いっそう効果が高まります。

Chapter3

06

相手のセンターを引き出すために

速攻やアーリーオフェンスが小さいチームにとって有効なのは、スピードが活かせ、相手の大きな選手に「高さ」という武器を使わせないように仕向けやすいからです。それでも速いテンポの攻撃に対し、相手もハリバックして（速く自陣に戻って）対処してくるものです。つまり5対5のセットした状態でチームオフェンスを展開する戦術が求められるのです。

5人によるチームオフェンスの基本は、2人のセンターをゴール近辺に配備する「3（スリー）アウト2（ツー）イン」や、1人のセンターをゴール近辺に配備する「4（フォー）アウト1（ワン）イン（ストレッチフォー）」とされています。つまり3～4人の攻撃陣がアウトサイドに広がり、1人か2人が相手の高さのある選手とマッチアップする格好となります。

こうした基本戦術で高さのある相手を攻め切れない時、5人がアウトサイドに広がる手もあります。これは「5（ファイブ）アウト（ストレッチファイブ）」とも呼ばれている戦略です。**狙いは相手の大きな選手をアウトサイドに引き出して、インサイドにスペースを空けること**です。5人が素早いパス回しからディフェンスとのずれを作り、ドライブで突破する。またはゴール方向に走り込みながらパスを受けて、確率の高いシュートに持ち込む。その際に相手のビッグマンをアウトサイドに引き出しておくことで、ブロックされる危険性を回避できるということです。

高校生以上の試合であればマンツーマン以外のディフェンスもOKであることから、相手のビッグマンがゴール近辺に残って立ちはだかることも想定できます。では、どうすればそのビッグマンをアウトサイドに引っ張り出せるか――。

それはビッグマンがマッチアップする選手、すなわち小さいチームのセンターがアウトサイドからの攻撃力を発揮することに他なりません。3ポイントシュートを高確率で決められればビッグマンが間合いを狭めて対処する必要がありますし、3ポイントシュートを打つ素振りを見せてドライブに移行することもできます。

これがまさに5（ファイブ）アウトの狙いです。

Chapter3

07

インサイドのスペースを活かす

私が基本としているハーフコートオフェンスのバランスはストレッチフォー、すなわちインサイドに1人配備する体型と、2人を配備する「3（スリー）アウト2（ツー）イン」が状況に応じて流動的に変わるようなイメージです。つまりストレッチフォーでありながら、ポストマン以外の選手がインサイドにカットしたり、時にはアウトサイドに飛び出す「カットアンドアウト」を繰り返しながらチャンスメークするわけです。

極端に高さのある相手に対しては、「ストレッチファイブ」のように5人がアウトサイドに広がって攻撃を展開するのが有効です。が、だからといってアウトサイドでばかりパスを回していては確率の高いシュートチャンスを作ることが難しいのも事実です。

インサイドのセンターにパスを入れて勝負したいが、相手が大きい…。そういう状況で大事にしてほしいのがガード陣のポストアップです。つまりアウトサイドでゲームコントロールするだけでなく、ゴールの近辺にポジションをとってパスを受けてほしいのです。

トップからウイングにパスを出し、そのままゴール方向にカッティングしてポストアップ。そうしてパスを受けた時、マッチアップマンが自分の本来のマークマン、すなわち相手のガードであれば1対1で勝負できます。たとえ相手のビッグマンがいてシュートに持ち込めなくても、アウトサイドにパスをさばいてシュートチャンスを作ることができるのです。

アウトサイドだけでパスを回してもシュートチャンスは作られるかもしれません。しかしながらインサイドにボールが入ることにより、ディフェンスの目が向く分、アウトサイドにノーマークの状態が作りやすくなります。いわばディフェンスが「ボールウォッチャー」になるわけです。しかも多くの選手は、体の正面から来るパスのほうがセットしやすく、自然なフォームで打てると思われます。なぜなら横からのパス、すなわちアウトサイドから回ってきたパスを受ける際には、横に流れるボールの勢いを止めなければならないだけに、セットするのに時間がかかってしまうからです。

このようにインサイドとアウトサイド、バランスよく攻撃するという戦術の考え方は「インサイドアウト」と呼ばれています。**相手が高いからインサイドから逃げるのではなく、インサイドのスペースを活かしながらディフェンスを揺さぶりアウトサイドからもバランスよく攻める**のです。

Chapter3

08

ボールサイドカットとその後のカッティング

前ページで紹介したポストアップの動き、すなわち、いったんパスしてゴール方向にカッティングする動きはボールマンの側からゴールへと向かうことから「ボールサイドカット」と呼ばれています。マークマンがそのボールサイドカットを警戒して止めてきたら、ディフェンスの背後からゴールへと向かう「ブラインドサイドカット」に転じるような駆け引きのうまさが、特に小さいチームには欠かせません。

ところで1人の選手が1試合でボールを持つ時間はどのくらいだと思いますか? 高校生以上の試合時間は前後半トータルで40分。コート上の10人で割ると、1人あたり4分となります。さらに、ボールがどちらの選手の手にもない時間帯もあります。つまり選手交代がないとしても1試合でボールを持っているのはせいぜい2~3分ということになります。それだけに**ボールを持っていない時にどういう動きをするかが重要な意味を**

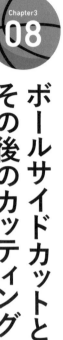

持つのです。

・ボールサイドカットやブラインドサイドカットでゴールへと向かう
・ボールマンから離れる「アウェー」の動きをする
・逆サイドに移動する
・ボールマンがドリブルを開始したら、そのスペースを埋める動きをする
・ステイして（立ち止まったまま）ボールマンのドリブルのスペースをつぶさないようにする
・セーフティマンとして自陣に戻る準備をする

ビッグマンのいるチームであれば、その選手とゲームをコントロールする選手のボールを持つ時間を長くして、まわりは動き過ぎないのも手かもしれません。が、小さいチームはそれでは勝てません。ボールマンだけでなく、それ以外の4人も動きの質を高めて、チームオフェンスを展開する必要があるわけです。

Chapter3 のポイント

・チームメートがどこにどのタイミングで動くかを正確に把握する
・タップパスでディフェンスのタイミングをずらす
・相手が戻っていても、アーリーオフェンスで早めに仕掛ける
・ディフェンスを引き付けることでスペースを作る
・走り込み方の約束事を作って練習する
・相手のビッグマンをアウトサイドに引っ張り出す
・インサイドとアウトサイドのバランスを意識する
・ボールマン以外の４人も動きの質を高めていく

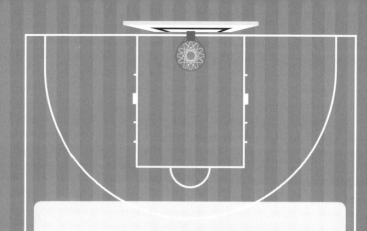

Chapter4

スクリーンプレーを整理して正しく理解する

チームオフェンスの最重要ポイントとなっているスクリーンプレー。その攻撃バリエーションは多彩で、しっかりと整理して覚える必要がある。コート上の５人がチームとしての狙いを明確にし、連動することで高確率のシュートチャンスを作ることができるのだ。

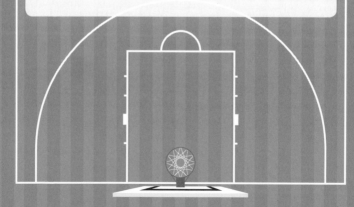

Chapter4 01

スクリーンプレーを整理する

第3章で紹介した、スペースに走り込んでパスを受けるチームオフェンスが「パスアンドラン」または「ギブアンドゴー」と呼ばれているのに対し、ここから紹介するチームオフェンスは「スクリーンプレー」と呼ばれているものです。これは**攻撃の1人がディフェンスの動きを邪魔するために壁のように立ち、他の選手がそのスクリーンを使ってマークのずれを作るプレー**です。

本書を読んでわかりやすいように、まずは用語を整理しておきましょう。

- スクリーナー……スクリーンをセットする（スクリーンとして立つ）選手
- ユーザー……スクリーナーを使ってマークのずれを作る選手

そしてボールがある局面で行われるスクリーンプレーは「オンボールスクリーン」と呼

ばれ、ボールがないところで行われるスクリーンプレーは「オフボールスクリーン」と呼ばれています。

さらにボールがある局面で行われる「オンボールスクリーン」は、次の3つに分けられます。

・ピックプレー…ユーザーがボールマンとなるチームオフェンスです（104ページ図参照）
・アラウンド（トレール）プレー…スクリーナーがボールマンとなるチームオフェンスです（112ページ図参照）
・ドリブルスクリーン…ドリブルから手渡しパスに転じた後、すぐさまスクリーナーとなるチームオフェンスで、「DHO（ドリブルハンドオフ）」とも呼ばれています

ここ最近はピックプレーを総じて「ピックアンドロール」と称されていますが、ピックプレーから「ピックアンドポップ（105ページ図参照）」に移行するケースもあるので、本書ではピックプレーと表記いたします。最初はカタカナばかりで混乱してしまうかもしれませんが、少しずつ慣れていきましょう。

Chapter4
02

ピックアンドロールとピックアンドポップ

ボールマンがユーザーとなるピックプレーから、スクリーナーがロールターンしてゴール方向に動くことによって攻撃の選択肢が増えます（１０４ページ図参照）。つまりボールマンがディフェンスとのずれを使ってシュートを打つだけでなく、ゴール方向にロールしたスクリーナーにパスしてより確率の高いシュートチャンスにつなげることもできるのです。このうち、スクリーナーがリバースターンでゴールに向かうのが「ピックアンドロール」で、フロントターンで向かうのが「ピックアンドダイブ」と呼ばれています。

このピックプレーが使われるのは3ポイントライン付近が多いです。例えば、ガードがユーザーとなり、センターがスクリーナーとして立つような格好です。このようなケースで相手のセンターが高さでまさる場合、スクリーナーがロールしてゴール方向でチャンスメークすることが難しくなります。なぜなら相手のビッグマンがロールしてくるプレーに的を絞ってゴール近辺にポジションをとってくるからです。にもかかわらず**強引にロールしてゴール下からシュートを打とうとするとブロックされる危険性が高まります。**

そういう相手に対して有効に使ってほしいのが、ピックプレーからロールせず、ゴールから離れるような動きとなる「ピックアンドポップ（アウェー）」なのです（105ページ図参照）。ミドルレンジまたは3ポイントラインの外でパスを受けることで、ノーマークに近い状態でミドルシュートや3ポイントシュートを打てるチャンスが作られます。

そのようなシュートを高確率で決められるシュート力がセンターになければ奏功しませんが、シュートが決まれば相手ディフェンスも対応を迫られ、ビッグマンを引き付けることができます。つまり92ページのように**ビッグマンをアウトサイドに引っ張り出し、インサイドのスペースを空けるチームオフェンスにつながる**わけです。

そしてゴールから離れた高い位置でスクリーンをセットする「ハイピック」や、ウイングのエリアでセットする「ウイングピック」など、チームオフェンスの狙いによって行う場所を工夫することも重要なポイントです。

図解　ピックアンドロール

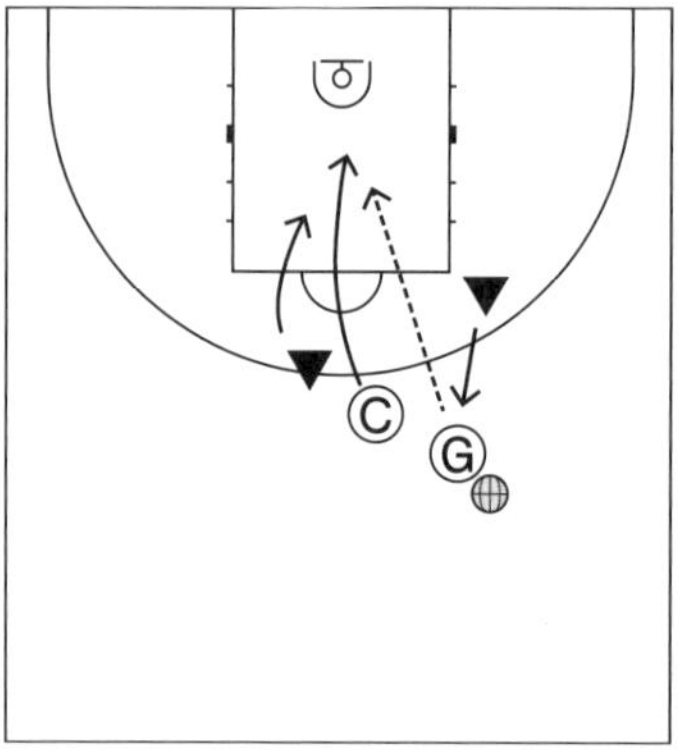

Ⓒをマークする相手のビッグマンがボールマンをマークしたら、インサイドが手薄になるため、Ⓒがゴール方向にロールすることで高確率の得点チャンスが生まれる

Ⓖ…ガード
Ⓒ…センター
▲…ディフェンス
◍…ボール

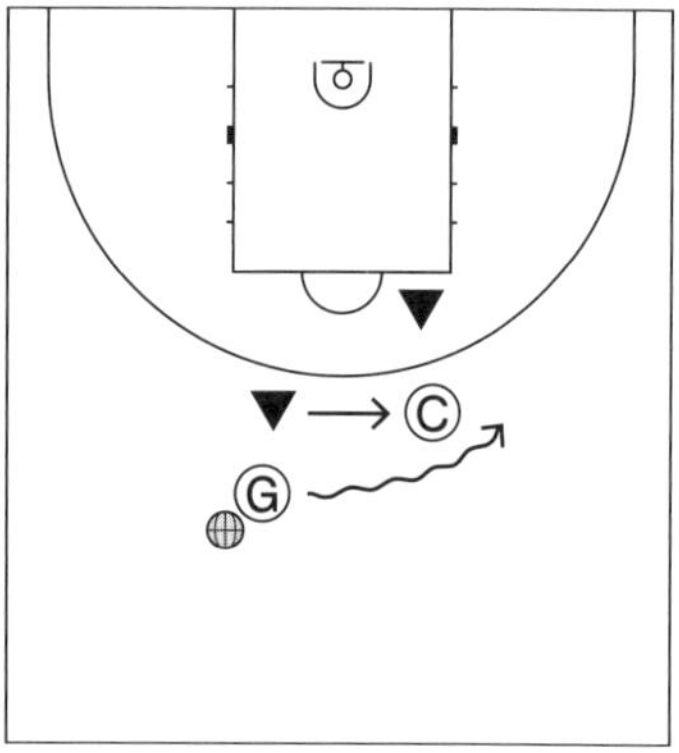

ボールマンであるⒼがユーザーとなるピックプレー。Ⓒがスクリーナーとなり、Ⓖをマークするディフェンスの動きを邪魔する

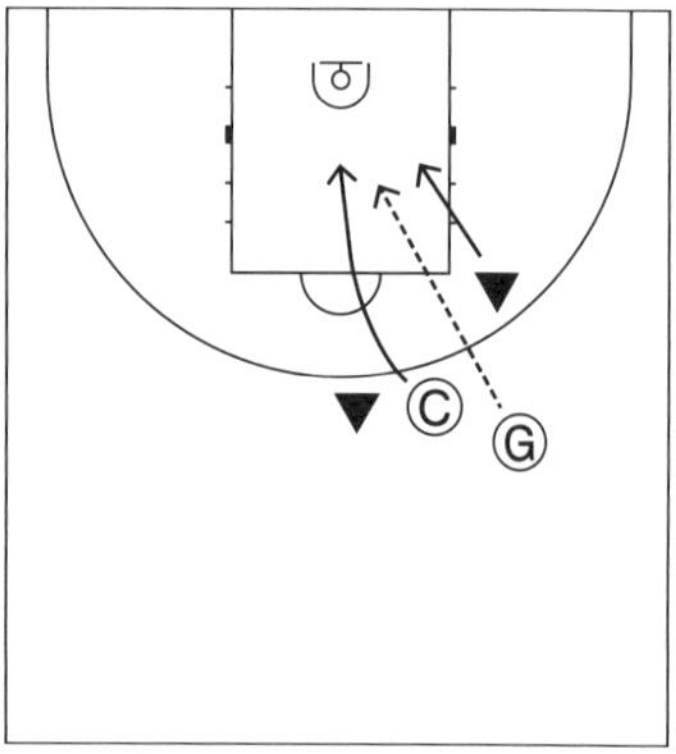

Ⓒをマークする相手のビッグマンがインサイドに残っている時、無理にインサイドから攻めようとするとブロックされる危険性が高いので注意が必要だ

図解　ピックアンドポップ

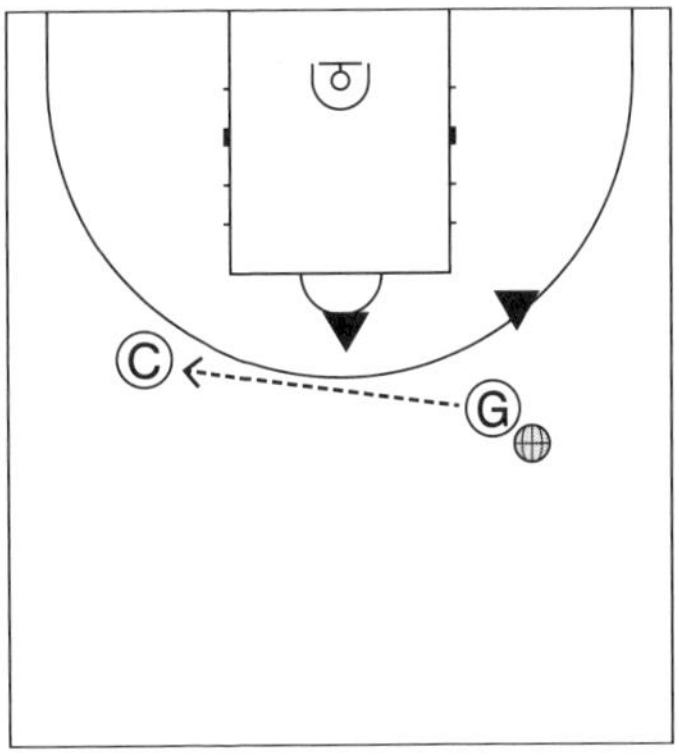

Ⓒは Ⓖからのパスを受けることにより、3ポイントシュートやミドルシュートの得点チャンスができる

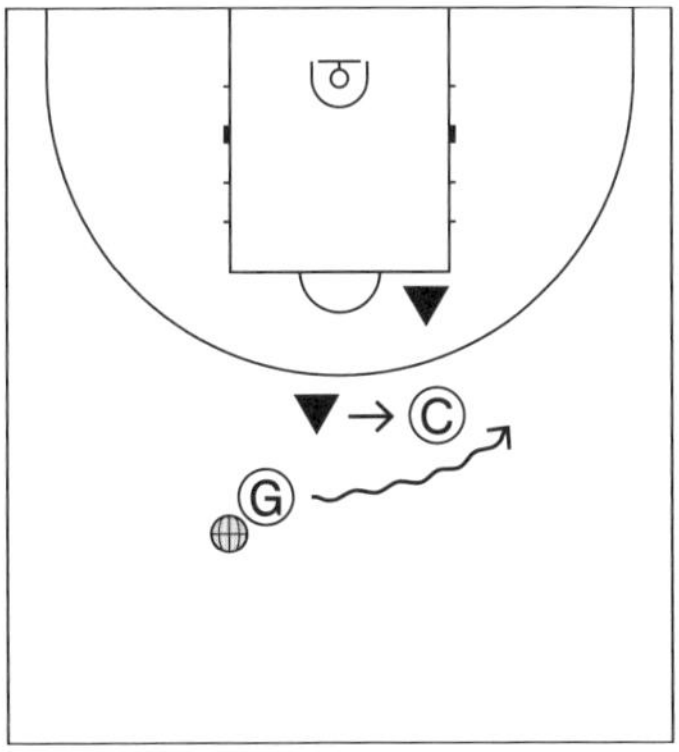

ボールマンであるⒼがユーザーとなるピックプレー。Ⓒがスクリーナーとなり、Ⓖをマークするディフェンスの動きを邪魔する

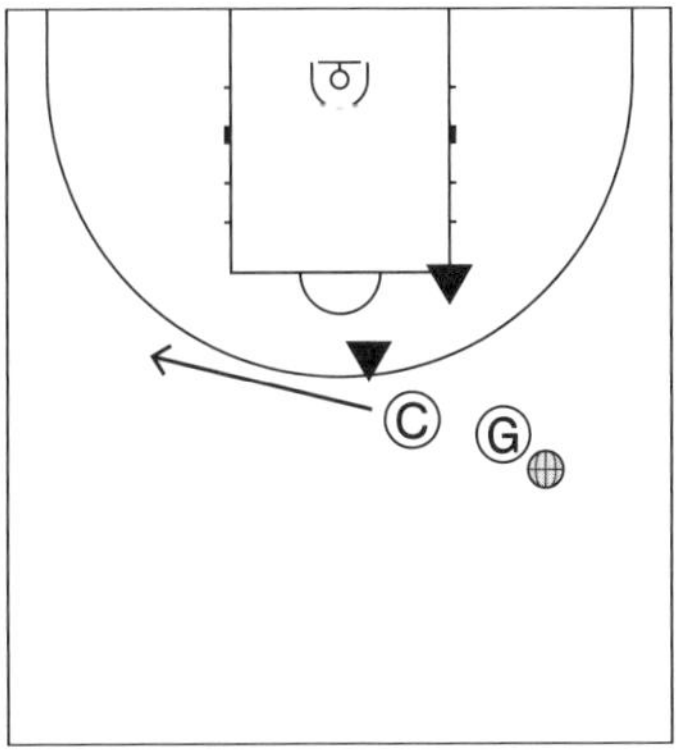

Ⓒをマークする相手のビッグマンがインサイドに残っているため、Ⓒはポップアウトしてポジションをとる

Chapter4
03

ディフェンスの対応を見て判断する

　ピックプレーを使うチームオフェンスに対して、ディフェンスもチームとしての狙いを持って対処してくることを想定しておく必要があります。そこでまずはディフェンス面の用語の確認をしておきます（１０８、１０９ページ図参照）。

・ファイトオーバー…ボールマンであるユーザーのディフェンスがスクリーンをかいくぐって、ユーザーが移動するのと同じコースを移動し、マークし続けるディフェンスです。

・スライド…ボールマンであるユーザーのディフェンスがスクリーンの逆側から先回りするような格好でスクリーナーとそのディフェンスの間を通って移動してマークし続けるディフェンスです。

・スイッチ…ユーザーのディフェンスと、スクリーナーのディフェンスがマークマンを交換して対処するディフェンスです。ボールマンであるガードに対してセンターのディフェンスが、スクリーナーのセンターに対してガードがディフェンスする格好となります。

ディフェンス側としてはファイトオーバーして、マークマンを変えずに対処するのが基本です。なぜならスクリーンプレーを通じてマークマンが変わると、ミスマッチ（身長差）が生まれるからです。

一方のオフェンスとしてはそこが狙い目です。ピックプレーを行う際、ユーザーはスクリーナーのすぐ横をこすれ合うように動く「ブラッシング」を心掛け、ディフェンスにファイトオーバーさせないようにするのです。するとスクリーナーをマークするセンターがスイッチして対処しようとします。そこでピックアンドロールに転じてゴール下に移動するセンターにパスすることで、センターの高さを活かして攻撃を展開できます。

またボールマンであるガードは、スイッチして対処してくる相手のセンターに対し「スピードのミスマッチ」を活かして1対1に臨むこともできるのです。

つまり、高さとスピードのミスマッチが生まれるようにスクリーンプレーを使うということです。

図解　ファイトオーバー

ボールマンであるⒼがユーザーとなるピックプレーに対して、Ⓖをマークするディフェンスがスクリーンをかいくぐってマークし続ける。ディフェンスにとってはこの動きが基本となる

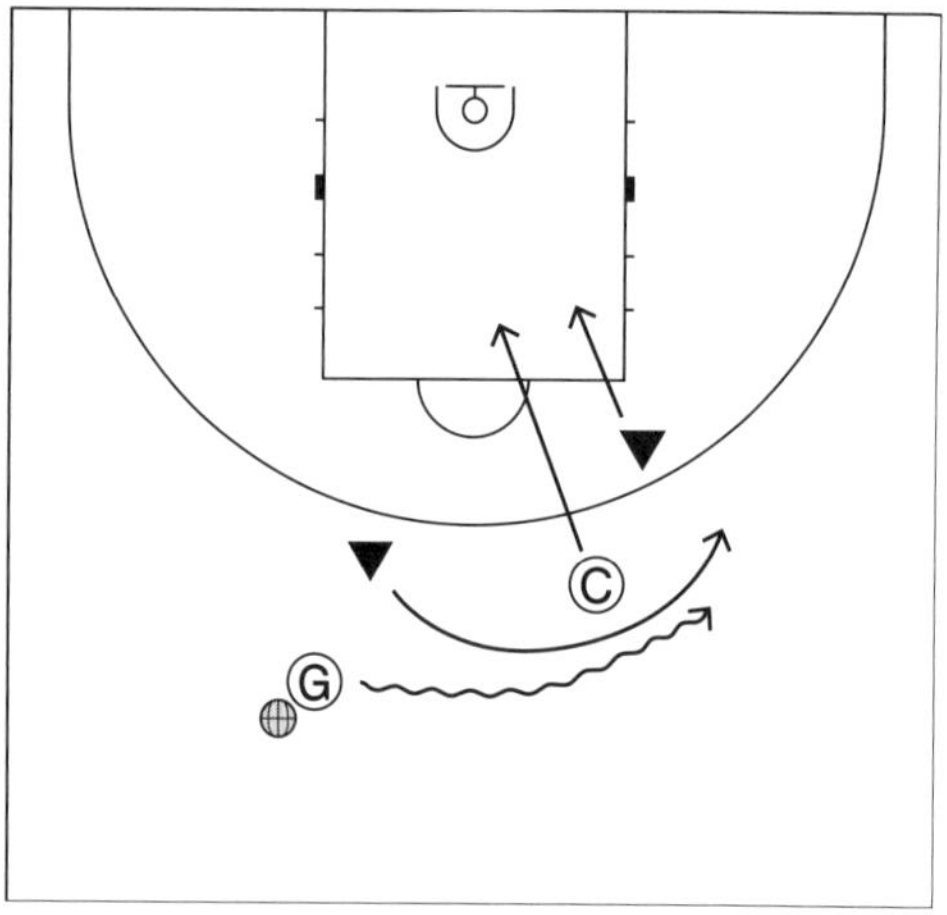

図解　スライド

ボールマンであるⒼをマークするディフェンスがスクリーンの逆側から先回りするような格好でスクリーナーとそのディフェンスの間を通って移動してマークし続ける。スクリーンを通過する瞬間、シュートを打てる可能性もある

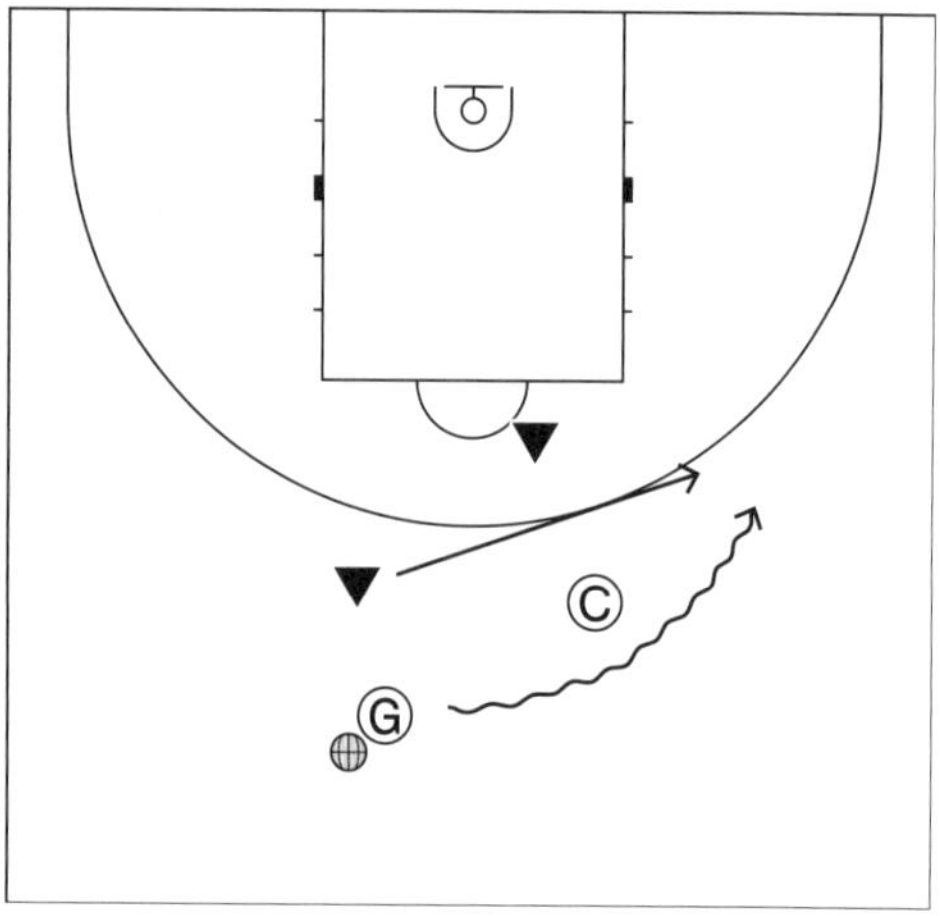

Ⓖ…ガード
Ⓒ…センター
▲…ディフェンス
⊕…ボール

図解 スイッチ

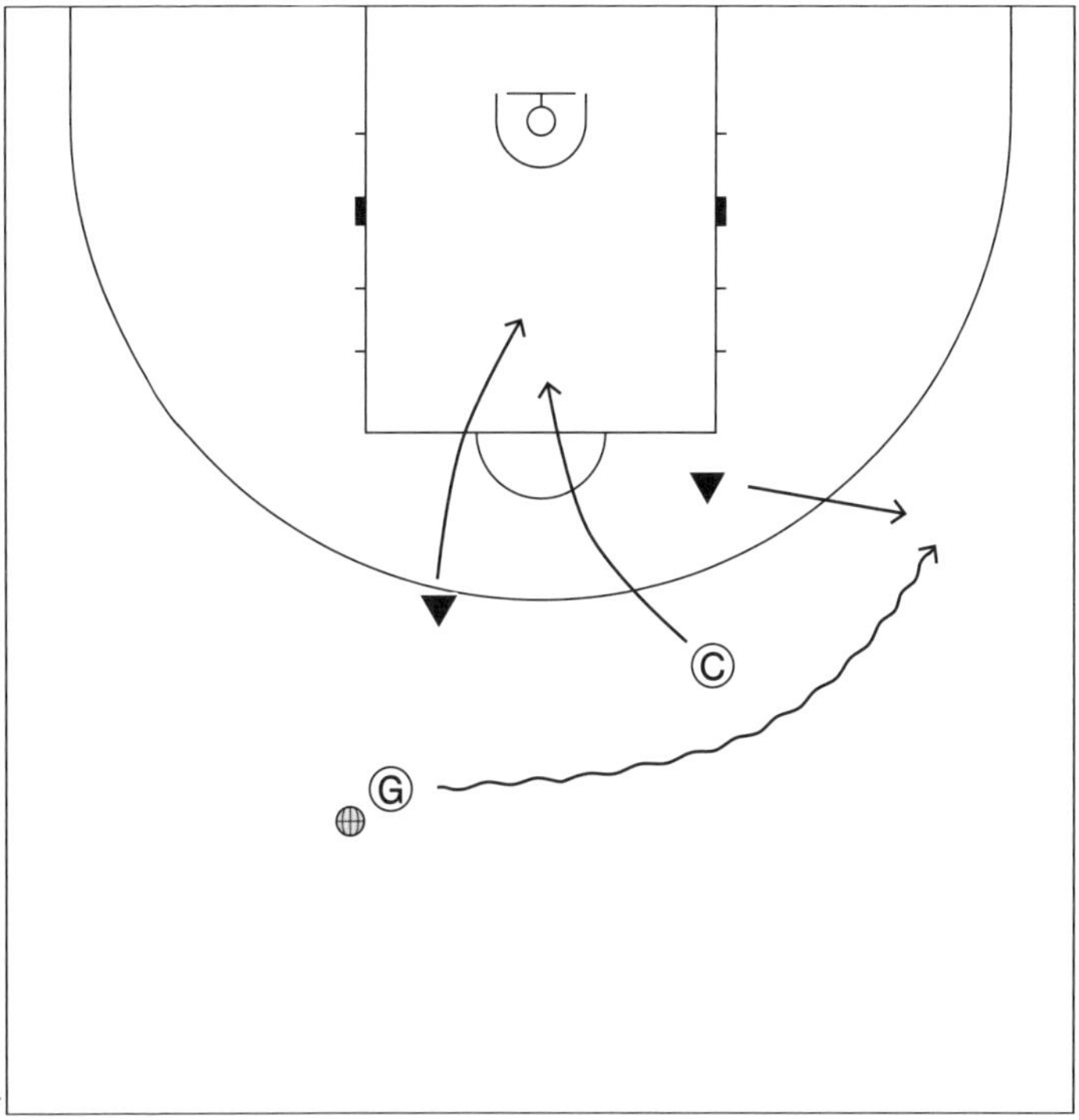

ユーザーのディフェンスと、スクリーナーのディフェンスがマークマンを交換する。ボールマンであるガードに対してセンターのディフェンスが、スクリーナーのセンターに対してガードがディフェンスする格好となる

Chapter4
04

「スライド」と「スイッチ」を理解する

前項に引き続き、ミスマッチの状態を作りたくないディフェンスはファイトオーバーできない時、「スライド」で対処してくるケースがあります。つまり、ボールマンであるユーザーのディフェンスがスクリーンの逆側から先回りするような格好で移動してマークし続けるということです。

そのスライドに対する攻撃の狙い目の一つは、ユーザーのディフェンスがスクリーンの逆側を通る瞬間です。スライドの場合、スクリーンを通過する瞬間、ボールマン―スクリーナー―ディフェンスという位置関係になります。そこにボールマンがアウトサイドからのシュートを打ちやすい状況が生まれます。そしてそのシュートタイミングを他の選手も把握しておくことでオフェンスリバウンドに入りやすいとも言えます。

ただし、**コート上の5人が平均して高く、ある程度の俊敏性を備えている相手**

の中には、スクリーンプレーに対して全員が「スイッチ」で対応してくることがあります。つまりファイトオーバーやスライドをせず、ユーザーのディフェンスと、スクリーナーのディフェンスがマークマンを交換し続けるということです。

この「オールスイッチ」のディフェンスに対してスクリーンを使わないということも選択肢の一つですが、自分たちにとって攻撃しやすいマッチアップとなるようにスクリーンプレーを展開するという考え方もあります。いずれにしても自分たちのストロングポイントを発揮するには、相手のどこから攻撃するべきかという個々の判断力と、チームとしての共通理解が欠かせません。

逆に身長の低いチームがスイッチを基本にして戦うと、身長のミスマッチをつかれて攻撃される危険性が高まります。そこでファイトオーバーを基本にし、できなければスライドで対処するのが主流です。たとえスクリーンを通過する際、アウトサイドからシュートを打たれてもOKとし、高さのミスマッチで攻められないことを最優先にするわけです。

Chapter4

05

ポストマンから手渡しパスを受ける

ボールマンがユーザーであるピックプレーを行う際に気を付けなければならないことは、ユーザーがボールを持つ時間が長くなりがちだということです。特にガードがボールをつきながらスクリーナーがセットするタイミングを計り、さらにドリブルしながらチャンスメークします。そこからシュートやパスに転じることができれば成功ですが、さらにドリブルが続くことになるとチームオフェンスのバランスが崩れます。

なぜならディフェンスの陣型は崩れず、時間だけを使うことになってしまうからです。そこで有効に使ってほしいのが、スクリーナーがボールマンとなるアラウンド（トレール）プレーです。

例えば、ハイポスト（フリースローラインの端）に**ポストマンとして立つセンターにボールを入れます。**それだけで攻撃の糸口を見つけられることがあります。そのまま

図解　アラウンドプレー

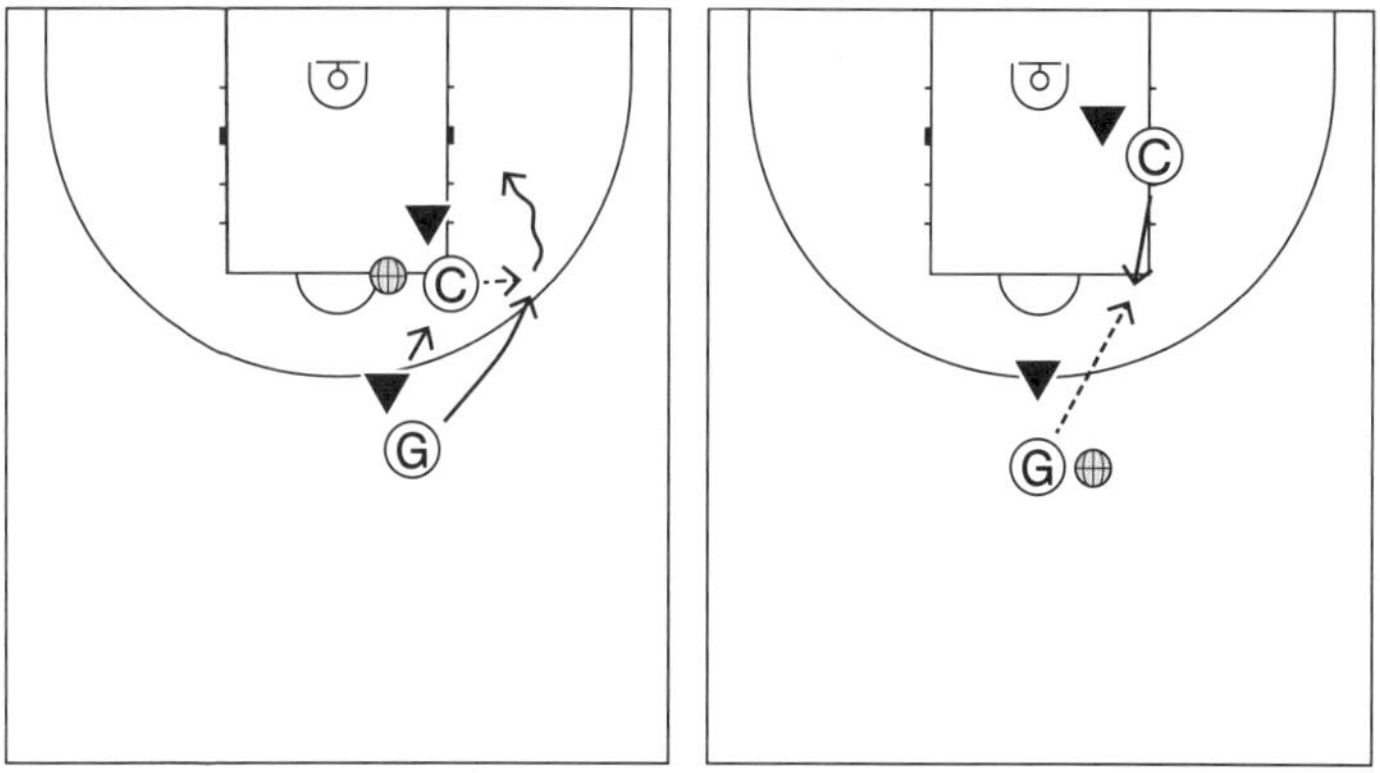

シュートに持ち込めるのに加え、他のディフェンスを引き付けられればパスをさばいてアウトサイドからのシュートにもつなげられるのです。94ページで前述した「インサイドアウト」に相当します。

アラウンドプレーの真骨頂は、ボールマンであるスクリーナーに向かってユーザーが走り込むプレーです。ガードやフォワードなどが走り込み、手渡しパスを受けることによって、スピードを活かしながらシュートにつなげられます。そのユーザーのディフェンスをスクリーナーが食い止めている間、ユーザーがスピードのミスマッチをついて得点につなげるというわけです。

アラウンドプレーをアレンジする

前項で紹介したアラウンドプレーをチームオフェンスのオプションとして備えることによって、攻撃バリエーションを広げることができます。

特にスクリーナーのディフェンス、すなわち相手のビッグマンがゴール下にポジションをとるケースでは、**スクリーナーが手渡しパスした後、アウトサイドに広がるのも手です。**この「アラウンドアウェイ」と呼ばれる動きからミドルシュートや3ポイントシュートにつなげられるのです。

そうしたシュートが決まれば、相手のビッグマンをアウトサイドに引き出すことができ、シュートを打つ素振りを見せてドライブに転じるなど1対1を優位に進めることができるようになります。

このアラウンドプレーに似たコンビプレーとして「DHO（ドリブルハンドオフ）」を行

うチームが増えてきました。これはスクリーナーが止まった状態で手渡しパスをするのではなく、**ドリブルしながらもう1人の選手に近づいて手渡しパス**を行い、その直後にパスを受けた選手のディフェンスの動きを邪魔するプレーです。

アラウンドプレーはボールがスクリーナーの手に収まっている時間が長いのに比べ、このDHOの場合、ボールを移動させながら行うだけにディフェンスのずれを作りやすいというメリットがあります。

図解 アラウンドアウェイ

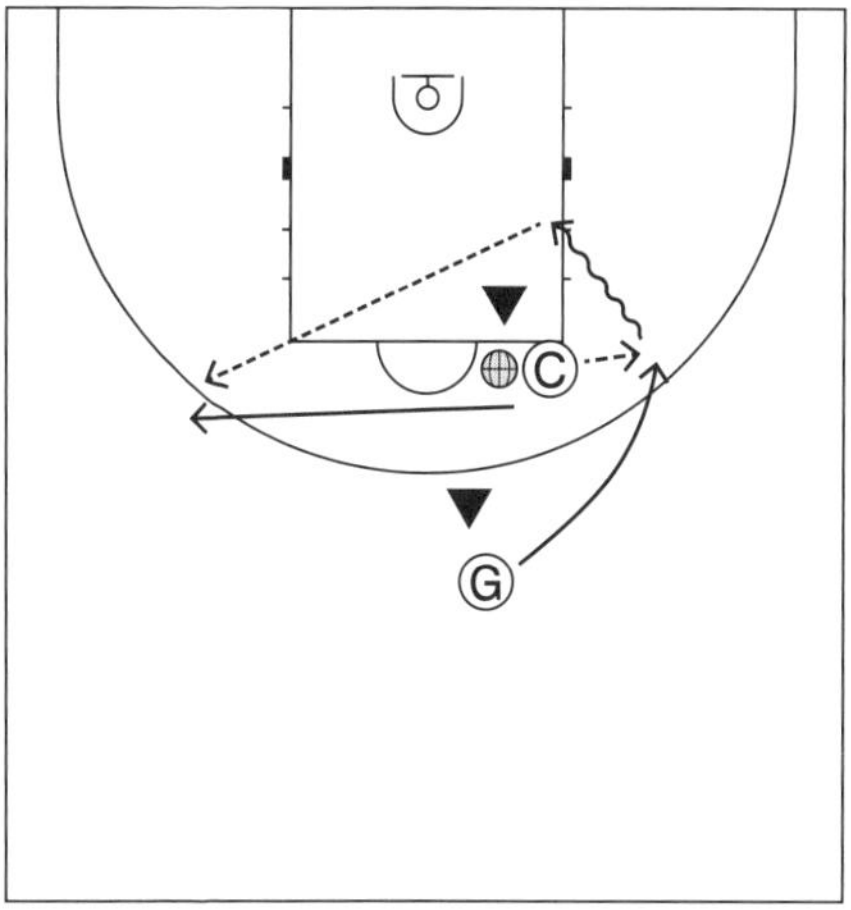

図解 ドリブルハンドオフ

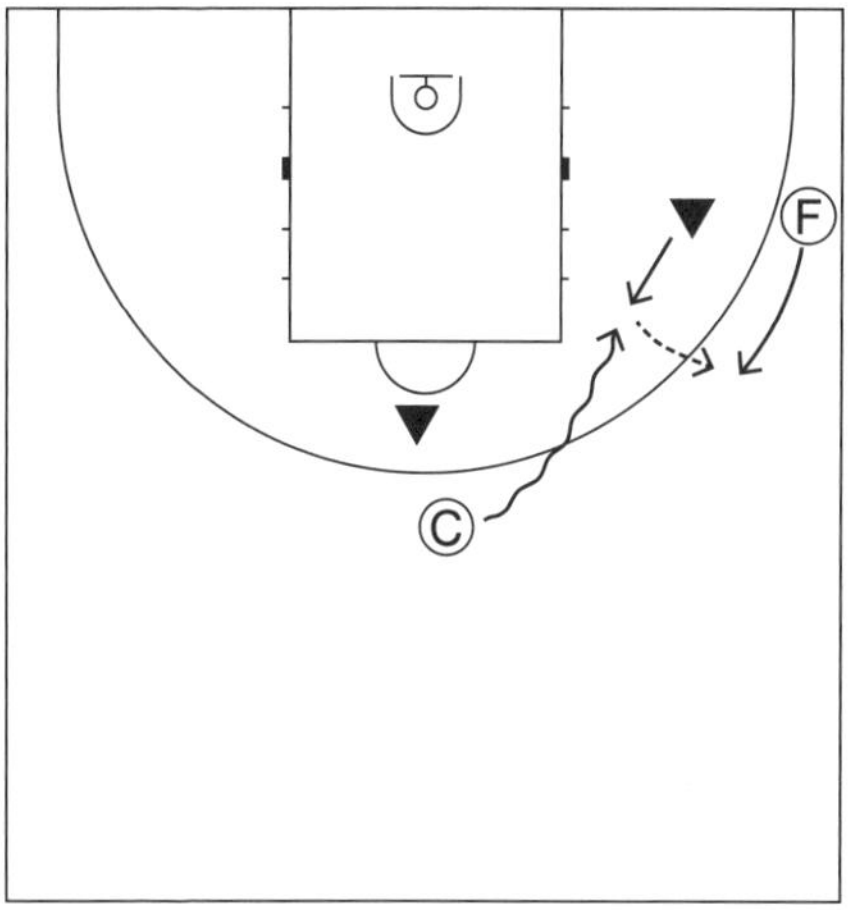

Chapter4
07

連動性・連続性・多様性を

ピックプレーやアラウンドプレーは基本的に2人の動きで仕掛ける格好となりますが、ボールに絡んでいない3人も連動して動くことが欠かせません。アウトサイドやミドルレンジでピックプレーやアラウンドプレーを展開している間に相手のビッグマンを引き出せれば、ゴール方向に走り込むことによってシュートチャンスが生まれるかもしれません。

また、2人がボールのないエリア「オフボール」でスクリーンプレーを行うプレーも効果的です。この「オフボールスクリーン」は大きく二つに分けられます。

・ダウンスクリーン…センターライン側からセットするスクリーンプレーで、主にユーザーはアウトサイドでパスを受ける格好になります
・バックスクリーン…ベースライン側からセットするスクリーンプレーで、主にユーザーはインサイドでパスを受ける格好になります

図解 ダウンスクリーン

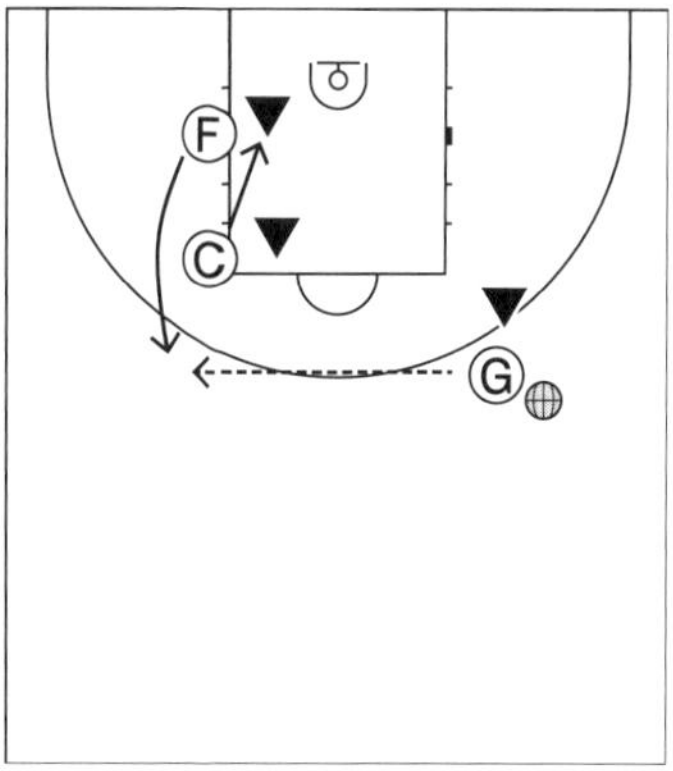

図解 バックスクリーン

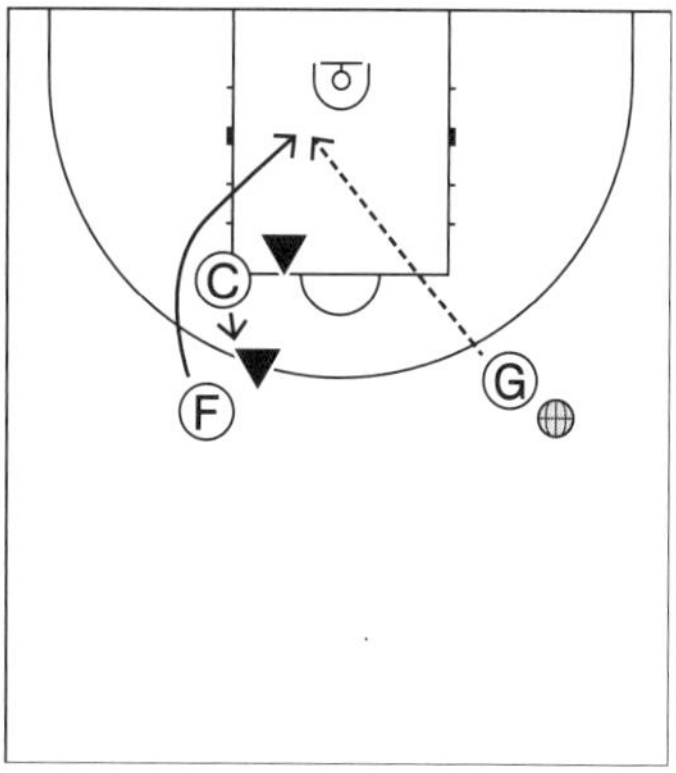

これらオフボールスクリーンによってパスを受けた選手がシュートに持ち込める可能性もあるのに加え、再度、このボールマンがピックプレーできるようにスクリーンをセットするという具合に「連続性」のあるチームオフェンスが欠かせません。

それに対して高さのある相手はオフボールクリーンにおいても、ファイトオーバー、スライドそしてスイッチを使い分けて対応してきます。そこでさらにチームオフェンスの「多様性」、言い換えると**相手に読まれない攻撃バリエーションが小さいチームには求められる**ということです。

Chapter4
08
スクリーンプレーで早めの仕掛けを

オンボールスクリーンとオフボールスクリーンを組み合わせながら、連動性・連続性・多様性のあるチームオフェンスを構築することが高さのあるチームへの対抗策になります。が、忘れてはならないのはそれをファーストオプション（最大の武器）にするのは難しいということです。なぜなら身長の低いチームが目指すべき平面バスケットは、アウトナンバー（数的有利な状態）で攻撃を仕掛けて速い展開に持ち込む必要があるからです。

そこで取り入れてほしいのが、アーリーオフェンスにおける「縦のピックプレー」です。

5対5におけるピックプレーの場合、スクリーナーがゴールに対して垂直気味に立ち、ボールマンであるユーザーは横にずれを作るケースが多い。縦に、すなわちゴール方向にドリブルで進んでも大きい選手が立ちはだかっているケースが多いからです。

ところが、アーリーオフェンスであればお互いの人数がそろっていないだけに、ゴール下のカバーリングが手薄になる。そこでスクリーナーがディフェンスの背後からスクリーンをセットすることによって、ボールマンがドリブルでゴールに向かいやすくなるわけです。

図解　縦のピックプレー

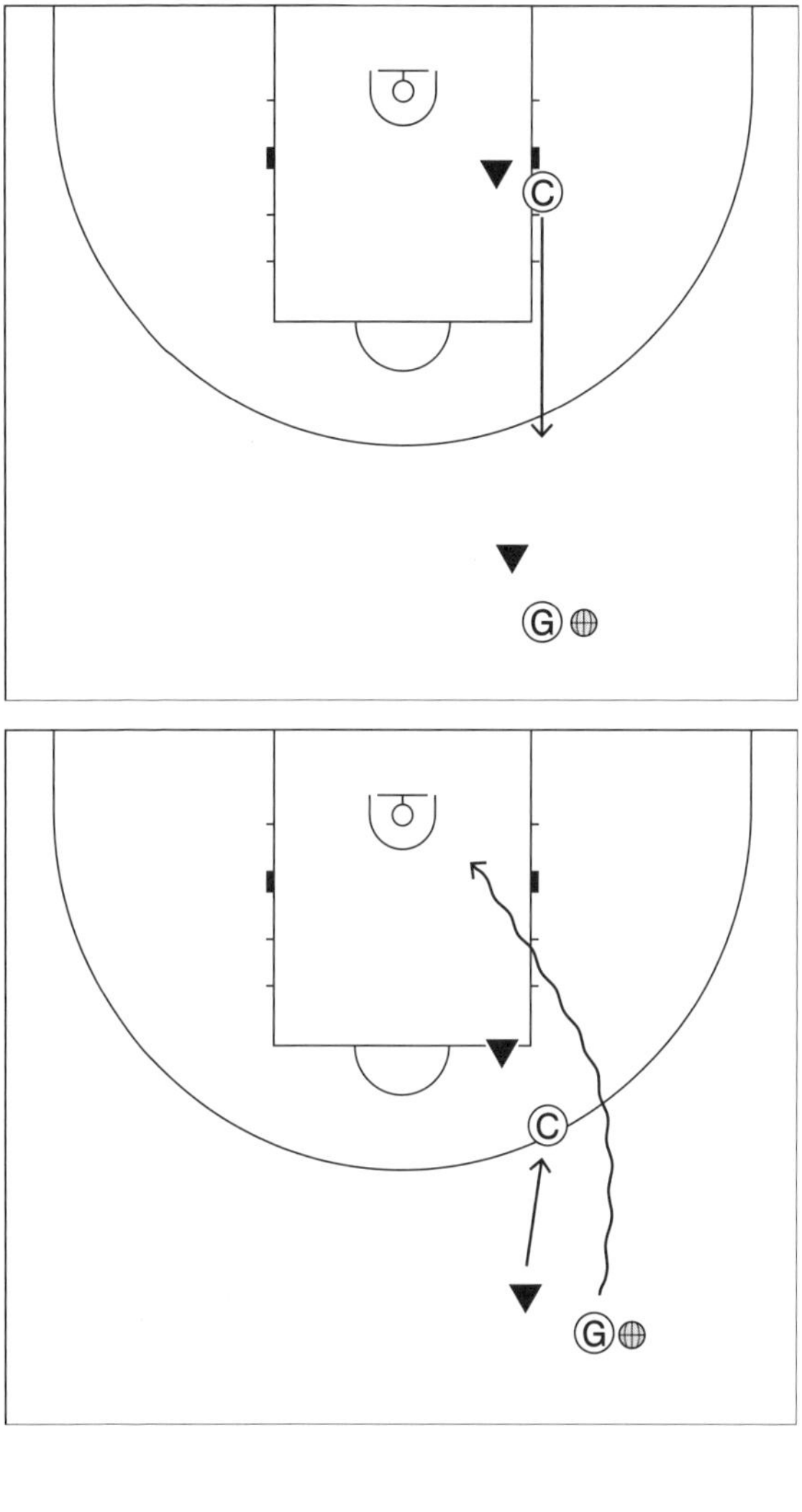

Chapter4 09

セットする位置、タイミング、角度を工夫する

ＮＢＡをはじめトップレベルの試合を見ればわかるとおり、現代バスケットボールのエントリー（攻撃の始まり）のほとんどがスクリーンプレーです。その精度を高めることがシュートチャンスを広げることにつながると考えられているからです。

したがって攻撃がスクリーンをセットした時点で、ディフェンスはある程度、攻撃側の狙いを読んで対処します。にもかかわらず、ユーザーであるボールマンが無理にスクリーンを使おうとしてもなかなかディフェンスとのずれを作ることはできません。

そこで**時にはスクリーンを使わずにわざと逆方向にドリブルやパスで攻撃を展開することも効果的**なのです。

また、スクリーンをセットする位置も工夫の余地があります。ゴールに近いエリアでセンター陣がクロスする形で行う「クロススクリーン」は広く知られていますが、最近では

センターラインに入ってすぐのタイミングでスクリーンをセットするようなチームも見られるようになってきました。早めのピックプレーから3ポイントラインエリアでノーマークの状態を作り、早いタイミングの3ポイントシュートにつなげるという戦い方です。

これも小さなチームにとっては取り入れやすい戦術だと言えます。

私自身、国際大会に出場した際には、高さのある相手をかく乱しようとスクリーンプレーと同じような発想の動きを試したものです。速攻やアーリーオフェンスでは、もう1人のセンターとクロスするようなコースどりで走り、相手が私をおさえるべきなのか、それとも私のパートナーをおさえるべきなのか戸惑うような動きをして奏功したことがあります。

このようにスクリーンをセットする位置、タイミング、そしてスクリーナーとして立つ角度なども工夫しながら、高さのある相手に対してチームオフェンスを展開しましょう。

Chapter4 のポイント

・各種スクリーンプレーを正しく理解して、的確に発揮できるようにする
・ピックプレーにおけるスクリーナーの動きを使い分ける
・スクリーンプレーに対するディフェンスの動き方を把握する
・ディフェンスの狙いを読み、スクリーンプレーを行うか判断する
・ボールマンに走り込むスクリーンプレーを取り入れる
・アラウンドプレーをアレンジして使い、ビッグマンをアウトサイドに引っ張り出す
・連動性・連続性・多様性を持ったチームオフェンスを構築する
・ディフェンスがそろわないうちに、スクリーンプレーを仕掛ける
・スクリーンをセットする位置、タイミング、角度を工夫する

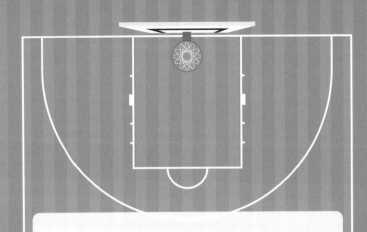

Chapter5
チームディフェンスで対抗する

速い展開の平面バスケットを展開するポイントとなるのがディフェンス力だ。1対1を基本とするマンツーマンディフェンスで対処しながら時には相手に「罠」を仕掛けるなど戦術・戦略面で工夫する。チームディフェンスも武器にして高さと対峙しよう。

Chapter5
01

小さいチームに欠かせないうまさ

攻防の切り換えが速い平面バスケットを展開し、高さのある相手に対抗する上でディフェンスが重要な意味を持つのは間違いありません。たとえ相手にゴール下でシュートを決められても気にせず、すぐさま攻撃を開始して得点を取り返すことが前提ではありますが、ゲームの流れを読み、自分たちのペースを作って、相手を一気に引き離すにはディフェンスが引き金となることが多いのです。

相手の高さをはじめとする特性に対して、どのようにディフェンスするか――。

そうした戦略面については試合が近づくにつれて監督から指示されるものですが、ディフェンスのベースを備えるには地道な努力が必要です。私も選手時代、毎日同じディフェンス練習を繰り返し、終わると「その日の（苦しい）練習が終わった」とほっとしたものです。でもそれは高校以降の話です。

小、中学生などはボールを使ったスキルの向上に時間をかけるべきです。また、練習で激しく、粘り強いディフェンス力を身に付けたからといって、**ゲームを通じて常に同じリズムでディフェンスすることが得策かどうか**も一考の余地があります。

相手のボール運びに対して激しくプレッシャーをかけてミスを誘うことによってスティールが成功すると、自分たちの速攻につなげられる可能性が高まります。だからといってそうしたディフェンスばかり繰り返していても、その強さ自体に相手も慣れてしまい、チームとしてプレッシャーを跳ねのける戦い方をしてきます。これを「プレッシャーリリース」と言います。

そこでディフェンスのプレッシャーに対して無警戒になるすきをついて、ぱっと手を出してミスを誘うような駆け引きが奏功するわけです。

特に公式戦というのは特別な心理状態になります。緊張感がいつも以上に高まり、試合時間の経過とともに疲れも独特なものになります。そうした状態も感じながら相手と駆け引きするうまさが、特に小さいチームには欠かせないのです。

Chapter5
02

相手の嫌がることをやる

高さの有無にかかわらず、相手との駆け引きにおいて基本となる心得はこれです。

相手の嫌がることをやる――。

アウトサイドからのシュートが得意な選手に対しては間合いをつめる。ドライブが得意な選手に対してはカバーに入れるようにまわりもドリブルのコースを警戒する。速い展開を得意とするチームに対しては、走り合わないようにゲームコントロールする。

そして高さのあるチームには、そのアドバンテージを使わせないような戦い方をする必要があるわけです。

相手のビッグマンが最も力を発揮したいのは、フロントコートのゴール下です。そこで、バックコートからフロントコートに入ってくる過程で何かできないかを考えます。例えば、ビッグマンの走るコースにポジションをとりながら、相手が走りにくい状況を作り出す、などです。

誰しも走り出した後、そのまま加速できれば、体力の消耗を特別感じることなくフロントコートに走り込めるものです。ところが一度減速せざるを得ない状況が生まれると、また走る際の体力が必要となるものです。俊敏性や持久力に自信がある小さい選手には苦にならないことでも、それらに難があるビッグマンにとっては、こう感じるものなのです。

プレーしづらいなぁ…。

相手の大きな選手が少しでもそう感じてくれたら、しめたものです。そうして相手の嫌がることを積み重ねることでボディブローのように相手に効き、試合終盤にプレーのリズムを崩すことがよくあるのです。

Chapter5

03 コンタクトをいとわない姿勢を

私は実際、前項で紹介したような戦い方、すなわち相手のビッグマンが走りにくいように、わざと自分の走るコースをかぶらせて奏功したことがあります。さらに相手と体がぶつかり合うことで、かなりのダメージを与えることができます。

再確認しておくと、バスケットボールはルール上、相手とコンタクト（接触）することは許されていません。したがって走っているビッグマンに向かっていって故意にぶつかったり、押したりすれば当然、ファウルをとられてしまいます。しかしながら相手とお互いにぶつかり合った状態であれば、ファウルとならないのです。

このコンタクトの状態がゴールに近づくにつれて多くなります。相手の走り込みたいコースに入りコンタクトする一連の動きは「バンプ（bump）」と言います。自動車に取り付けられている「バンパー（bumper）」から連想されるとおり、走り込む相手との衝撃を和らげられるような格好でコンタクトします。自分の腕を曲げてバンパーのように使い、相手とコンタクトするのです。

このバンプは、高さの有無にかかわらず、ゴール方向に走り込む選手や、ボールマンに近づいてパスを受けようとする選手に対して有効に使えます。相手がやりたいプレーをやらせない、ということです。

そしてビッグマンをゴールに近づかせないためにも、このバンプはとても重要なプレーになります。が、**簡単そうでなかなか徹底しにくいプレーの一つです。練習でどうしても手を抜いてしまいがちだからです。**特にバスケットボールを始めてばかりの選手はコンタクトすること自体に慣れておらず、相手に好きなプレーをされる結果となってしまいがちです。練習で繰り返し行っていても、試合時間が経過して疲れてくるとこうなります。

一度くらいさぼっても大丈夫だろう…。

この甘えが相手にすきを与える結果となってしまうのです。

Chapter5

04

ボールを持たせないために

高さを活かした攻撃力を発揮させないためには、相手のビッグマンにボールを持たせないディフェンス力が求められます。ディフェンスの基本は、ボールマンとゴールとを結んだ架空のライン「インライン」にポジションをとることです。が、ポストマンとしてパスを受けようとする相手に対してインラインに立ってしまうと簡単にパスが入ってしまいます。

そこでボールマンとポストマンとの間に体を入れるディフェンス「フルフロント」という戦術があります。ただし、前に立つディフェンスの頭上を超すような「裏パス」を通される危険性もあるので、他の選手のヘルプも必要となる戦術ではあります。

そこでポストマンの横からディフェンスの体の4分の3から半分くらいを入れてパスコースに手をかざすポストディナイが基本となります。このうちベースライン側から体を入れるポストディナイは「サイディングロー」、その逆側すなわちセンターライン側から体を入れるポストディナイは「サイディングハイ」と言います。

これらの動きをボールの動きに応じてディフェンスが素早く行うと、相手のビッグマンはパスを受けにくくなります。私も選手時代、自分より小さい選手に低い姿勢で足元からポストディナイされて苦戦を強いられた経験があります。アウトサイドでパスをつないで展開し、ポストアップし直してそのディフェンスをかわしましたが、**試合時間が経過してもそうしたディフェンス面のクイックネスが発揮できると高さに対抗し得る**戦術となるはずです。

さらに細かく言うと、高さのある相手の長所を出させないようなところでボールにからませればいいわけです。

こちらのポストディナイを嫌がり、相手はアウトサイドに出てパスを受けようとするかもしれません。それでもゴール下のシュート率に比べてアウトサイドのシュート力がかなり下がるのであれば、ボールを持たせてシュートチャンスを与えるのも手です。**「ビッグマンのアウトサイドは捨てる」**という言い方もされますが、そういう戦い方もあることを覚えておいてください。

Chapter5

05

ボールを持たれた時のプレッシャー

ゴールに近いエリアでポジションをとるポストマンにボールを持たせないためには、他のディフェンスの頑張りも不可欠です。パスの出どころとなるガード陣、フォワード陣に対してしっかりとプレッシャーをかけることもビッグマンのプレーを封じる一手となり得ます。ただやっかいなのは、パスの出どころとなる選手にも高さが備わっているケースです。相手の大きなガードが頭上高くから出すパス「オーバーヘッドパス」を多用してビッグマンにボールを入れてくるのです。

そのようなプレーに対してまずはあきらめることなく、ハンズアップする（手を上げる）ディフェンスを意識すること。**ボールを取ろうとするのではなく、ボールに触れるだけでもOKです。**そうしてビッグマンにボールが入りにくい状態を作ります。

それでもボールを持たれる時間帯はあるはずです。38ページで触れたとおり、スカウテイングを通じてそのビッグマンのステップやターンの特徴を把握して対処することが前提で、少しでも相手がシュートを打ちにくいようにハンズアップ…。高さのある相手に対して無理にブロックを狙おうとするとファウルになる危険性が高いため、試合状況によってはボールを持たれた時点で2点を取られる事実を受け止め、攻防の切り換えを素早く行うことに目を向けるのです。

ゴール下でビッグマンにボールを持たれた時点でディフェンスができることは限られます。が、**アウトサイドであればシュートを打つ直前にボールを下げる選手が多いため、大きな相手に対して懐に入り込むようなプレッシャーの掛け方で対処することができます。**その時にボールを触れるかもしれませんし、たとえシュートを打たれても、しっかりとプレッシャーをかけていればシュート率が低下することも期待できるのです。

しかも相手がゴール下のシュートを外してもオフェンスリバウンドにからんできますが、アウトサイドからシュートを打ったビッグマンはリバウンドにからみにくい…。それだけにビッグマンに、ゴールに近いエリアでポジションをとらせないことが重要なのです。

Chapter5

06

複数人で対応する

相手のビッグマンを1対1でおさえられない場合は、ダブルチーム（2人がかり）で対応する必要が出てきます。ディフェンスが「罠（わな）」を仕掛ける格好となることから、それを意味する「トラップ」という英語表現が用いられる戦術です。ゲームの最初からこの戦術で対処する場合もありますが、序盤は1対1で対処してみて、相手のビッグマンが止まらない場合に試合途中からトラップを使うケースも多いです。

なぜなら2人がかりでディフェンスすると、他のところでノーマークが生まれ、パスをさばかれてしまうからです。すると、かえって相手のバランスのとれた攻撃を引き出す恐れがあるだけに、1対1で対処できるのが理想と言えるのです。

いざ、トラップを使う場合には、2人目のディフェンスが寄るタイミングと、誰が寄るかというのがポイントになります。

トラップを仕掛けるタイミングとしては、相手のビッグマンがボールを手にした瞬間が主流です。が、男子のビッグマンの中にはドリブルからシュートに持ち込む選手も少なくないため、ドリブルを始める瞬間、すなわちボールが手から離れた瞬間にトラップに入る手もあります。いずれにしても、**どのタイミングで寄るのかチームの中で決まり事を作っておく**ことが大切です。

もう一つは、誰が寄るかです。アウトサイドのガードがやや下がり気味にポジションをとり、ポストマンにボールが渡った瞬間、降りてくるようにトラップを仕掛ける動き方もあります。しかしながらトラップとして寄る選手の身長が低いと、相手のビッグマンに上の空間からパスをさばかれる危険性もあります。

そういう意味では、チームの中で高さのある選手がトラップで寄ったほうが相手を苦しめられる場合が多いです。

どの選手が寄るにせよ、自分のマークマンにパスをさばかれたらすぐに戻る動き「リカバリー」やマークマンを複数人で交換する「ローテーション」も意識しておくことを忘れないでください。

Chapter5

07

ファウルをコントロールする

数年前、ＮＢＡでは「ハック・ア・シャック」というディフェンスが話題になりました。「シャック」というのは、往年の名センター、シャキール・オニールの愛称。すなわち誰も止められないシャックを、ハック（たたく行為）をして止めるという戦略をとるチームがかつてはあったのです。というのもシャックはフリースローを苦手としていて、彼に気持ちよくプレーさせてダンクシュートを豪快に決められるより、フリースローを与えておいたほうがディフェンスにとってはメリットが多いと判断した上での戦略だったわけです。

決して推奨できる戦略ではありませんし、私もこのようなスポーツマンシップから逸脱するような戦い方は好きではありません。実際、ここ最近のルール改正の傾向は、故意と疑われるファウルはアンスポーツマンライクファウルとして厳しく罰せられるようになってきています。ＮＢＡだけでなく国内トップリーグでも故意だとレフェリーが疑った時点で映像を通じて確認できるシステムが配備されるようになってきています。

では、**ファウルなしで対処して、ビッグマンの高さを封じられるか――。**

当然、それが理想ではあります。が、現実としてはファウルに気を付けながらも、それと正当なプレーとのぎりぎりのせめぎ合いの中でディフェンスしなくてはならない局面も訪れるはずです。国家の威信がかかった国際試合などでは、そうした激しいやり合いの連続なのです。

その時に忘れてはならないのは、試合状況です。

1対1でおさえられなくてもファウルを我慢して、トラップの戦術などで対抗する。ファウルが4つなので、ビッグマンへのマークを代わってもらう。2点を取られると負けてしまうので、ファウルぎりぎりのプレッシャーをかける。

状況に応じた正しい判断力も、高さに対抗する上では欠かせない大事な要素なのです。

Chapter5

08 ディフェンスの基本を忘れない

私は選手時代、外国人コーチからこのように何度も言われ、基本を指導されました。

Must see the ball!（マストゥ・スィー・ザ・ボール！）

「ボールから目を離さないように！」という意味です。1対1を基本とするマンツーマンで戦う以上、オフボール（ボールがない局面）でも責任を持って自分のマークマンについておく必要があります。だからといってボールから目を離してしまうと、そのボールマンがドリブルでゴールに向かってくるようなプレーに対してヘルプディフェンスに入れない。それだけにボールから目を離してはならないわけです。もっと細かく言えば…。

マストゥ・スィー・ザ・ボール・アンド・マイマン！

「**ボールと自分のマークマンから目を離さないように！**」ということです。その時の体勢はボールマンとマークマン両方を同時に指差せる体勢であることから「ピストルスタンス」と呼ばれ、ディフェンスを含めた3つの点を結ぶと平らな三角形になることから「フラットトライアングル」とも称されています（140ページの図参照）。その形が崩れないことを基本にしつつ、**ビッグマンに対して各ディフェンスがどれだけの距離をとるかがマンツーマンにおける高さ対策**となります。

そしてボールの移動に応じて心掛けてほしいのは、ディフェンスのステップの踏み方です。1線（ボールマンに対するディフェンス）、2線（ボールマンからのパスをディナイするディフェンス）、3線（フラットトライアングルのポジションをとるディフェンス）とボールが移動するとともに体を開きながらリバースターンを踏む格好になること。

逆に3線―2線―1線とボールが戻ってくるのに伴い、フロントターンを踏む格好になります（141ページの図参照）。

次章ではゾーンディフェンスを含めた戦術・戦略へと進めていきましょう。

図解 フラットトライアングル

Ⓖがボールを持っている時、ボールサイドのⒸのディフェンスはビッグマンにパスが渡らないようにディナイ。逆サイドのⒻのディフェンスは、ボールマンとマークマン両方を同時に指差せる体勢「ピストルスタンス」をとる。ディフェンス－ボールマン－マークマン、3つの点を結ぶと平らな三角形「フラットトライアングル」となる

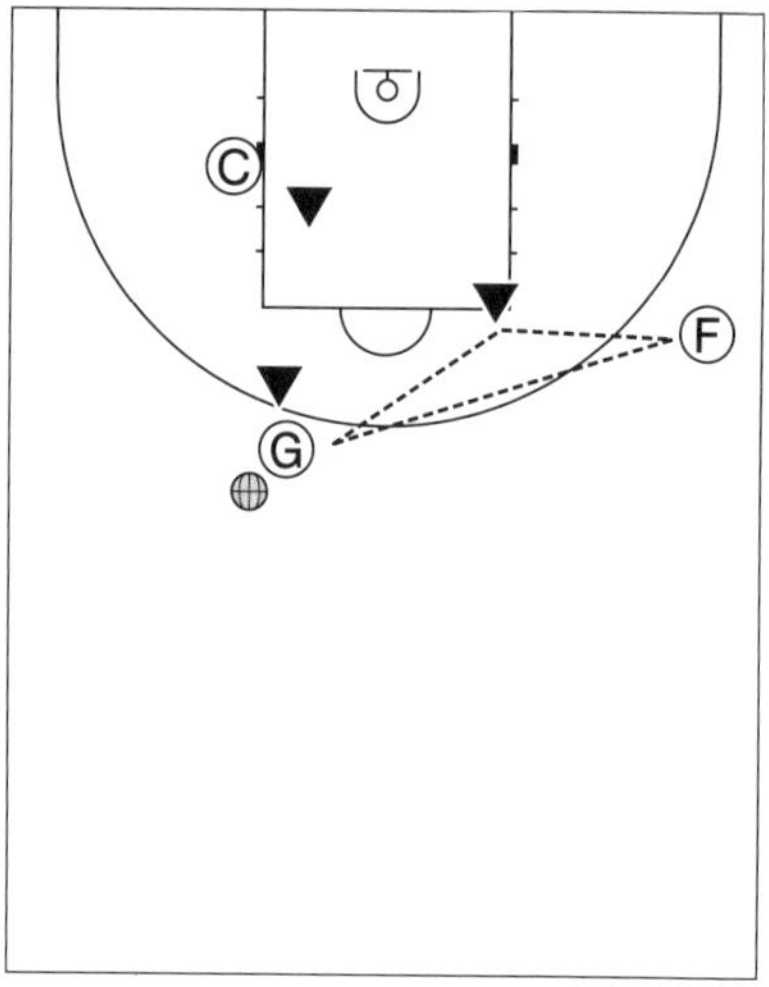

Ⓖ…ガード
Ⓕ…フォワード
Ⓒ…センター
▲…ディフェンス
◍…ボール

Ⓕがボールを持っている時、すぐ近くのⒼのディフェンスはパスが渡らないようにディナイ。逆サイドのⒸのディフェンスは、ボールマンとマークマン両方を同時に指差せる体勢「ピストルスタンス」をとる。ディフェンス－ボールマン－マークマン、3つの点を結ぶと平らな三角形「フラットトライアングル」となる。ただしⒸがビッグマンの場合、ややセンター寄りにポジションをとる戦い方もある

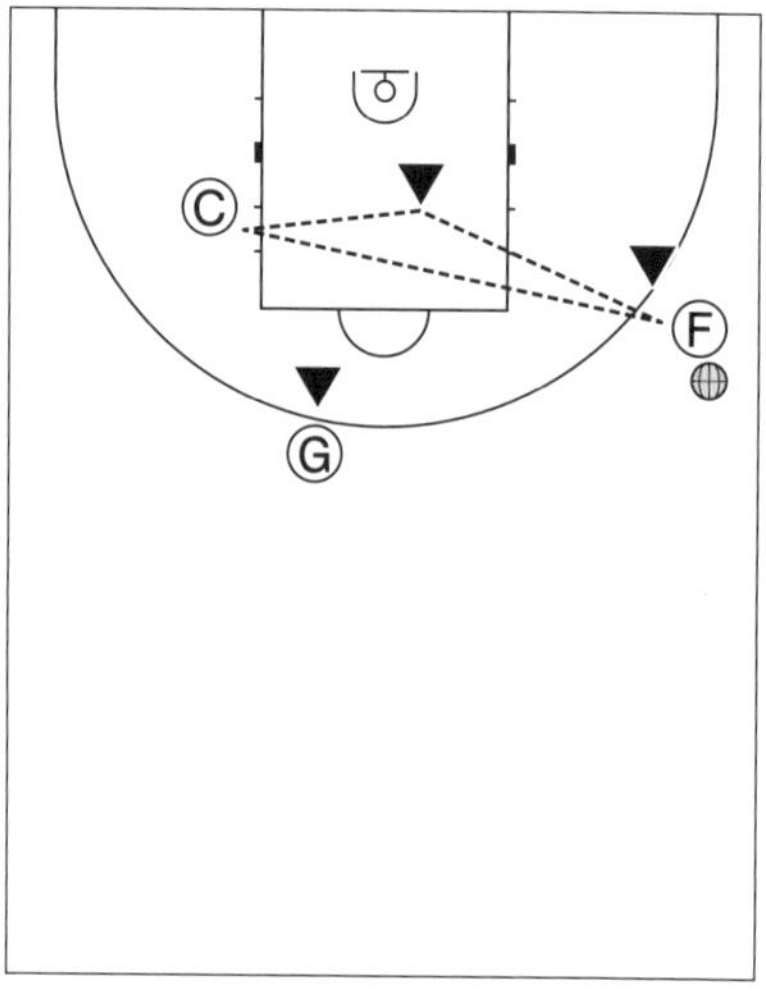

図解 リバースターン

ディフェンスのステップの踏み方を示した図。ボールマンⒻをマークするディフェンスは、2線のⒼ、3線のⒸとボールが移動するのに伴い、体を開きながらリバースターンを踏む格好になる

Ⓖ…ガード
Ⓕ…フォワード
Ⓒ…センター
▲…ディフェンス
⊕…ボール

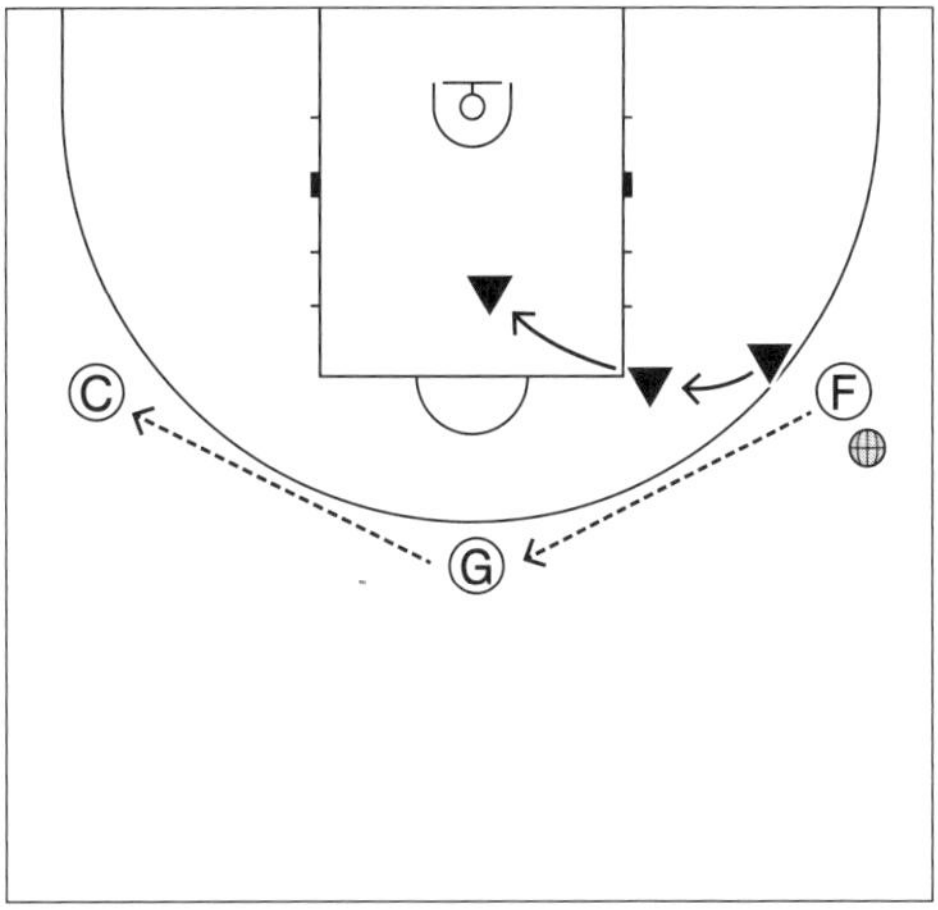

図解 フロントターン

ボールマンⒸの逆サイド、Ⓕをマークするディフェンスは、2線のG、自分のマークマンであるⒻとボールが移動するのに伴い、前向きに体を向けるフロントターンを踏む格好になる。こうしたボール移動に伴うステップを瞬時に素早く行えるようになることが高さ対策に相当する

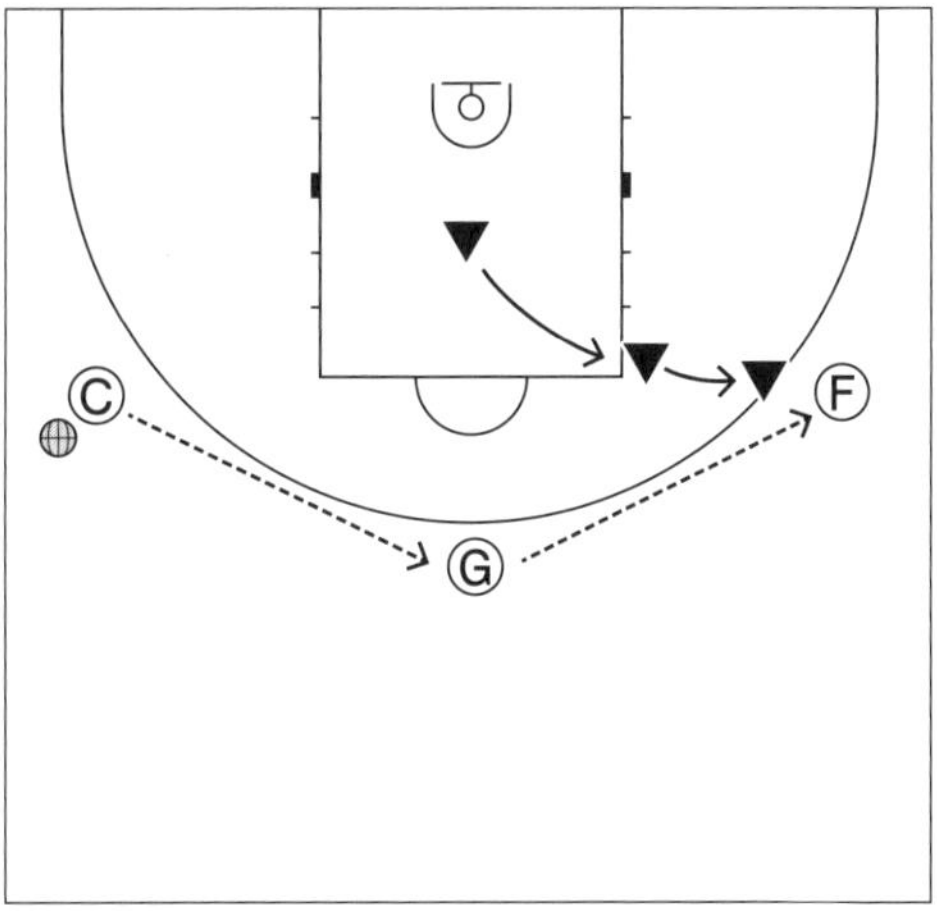

Chapter5 のポイント

・大きな相手と駆け引きするうまさを備える
・相手が嫌がることをやる
・ビッグマンが走りにくい状況をオールコートで作り出す
・コンタクトをいとわない姿勢を身に付ける
・ボールを持たれないように、インサイドでクイックネスを発揮する
・ボールを持たれても正しい判断力を発揮してディフェンスする
・タイミングよく効率的に複数人で対応する
・ファウルを正しく理解し、試合状況に応じてプレッシャーの強度をコントロールする
・ディフェンスの基本を意識しつつ高さ対策を講じる

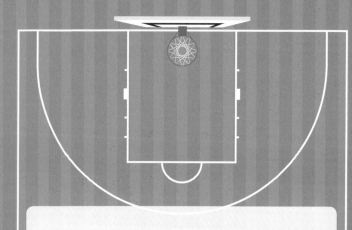

Chapter6
高校でゾーンディフェンスを覚える

前線からの激しいプレッシャーを高さのある相手は嫌がるものだ。高校生以上であれば、マンツーマンディフェンスに加え、ゾーンディフェンスも織り交ぜながら、相手に揺さぶりをかけるのも可能となる。ディフェンスシステムのサインを作り、チームとして連動して動こう！

Chapter6

01

マンツーマンかゾーンディフェンスか

ディフェンスのシステムは大きく分けると、1対1で相手をマークすることを基本とする「マンツーマンディフェンス」と、各選手が一定エリアを埋めるようにしてポジションをとる「ゾーンディフェンス」に分けられます。高校生以上の試合では相手のストロングポイントを消すために、これらマンツーマンディフェンスとゾーンディフェンスを使い分けられます。が、日本国内の中学生以下の試合では、現行ルール上、ゾーンディフェンスは禁止されています。

ただしマンツーマンディフェンスの中でも（134ページで紹介した）トラップのように、ゾーンディフェンスのような要素も盛り込まれています。それだけに中学生以下の試合では、ルールに定められたとおりのマンツーマンディフェンスで戦えているか、または、ゾーンディフェンスになってしまっているかの判断が難しいシーンがあるようです。まだ始まったばかりのルールですのでこれから少しずつ改正されて、マンツーマンディフェンスとゾーンディフェンス、両者の境界線がより明確になっていくと予想されます。

いずれにしても高校生以上の試合ではゾーンディフェンスの知識も必要になってくるので、この第6章ではゾーンディフェンスを交えた戦い方について紹介します。


私自身は**高校生に対してマンツーマンディフェンスを主体としたチーム作りを進めていますが、ゾーンディフェンスのメリットも活かしたい**と考えています。

マンツーマンディフェンスに比べて移動距離が少ない分、体力が温存でき、攻撃時にフルに動ける。またはディフェンスの陣型が崩れにくい分、安定した形で速攻を出しやすい、等々。

何より、高さに対抗する戦い方の可能性が広がることは間違いないところです。

Chapter6
02

オールコートディフェンスのサイン

ビッグマンのいるチームに対して簡単にボールを運ばせてしまうと、ゴールに近いエリアでポジションをとられ、高確率のシュートを許す結果となってしまいます。そこで自分たちがディフェンスへと切り替わった瞬間、オールコートでディフェンス戦術を駆使して戦います。

その際に大事なことは**コート上の5人がチームとしてどう戦うのか、試合中、同時に理解してお互いが連動する**ことです。そこでお勧めしたいのが、自分たちのディフェンスシステムのサインを作ることです。例えば、オールコートを図のように縦に、0から100まで分けます（149ページ図参照）。

0が自陣のベースライン、100が相手陣内のベースラインとして、前線からプレッシャーをかける際は70や80、引いてディフェンスする際は、10や20となります。そしてセンターライン付近で狙いを定める際は50となります。

これに次の10個のディフェンススキルを組み合わせます。

0…マンツーマンディフェンス（ノーマル）
1…マンツーマンディフェンス（スイッチ）
2…マンツーマンディフェンス（トラップ）
3…マンツーマンディフェンス（フェイク）
4…ゾーンプレスディフェンス（トラップ）
5…ゾーンプレスディフェンス（ノーマル）
6…ゾーンプレスディフェンス（フルディナイ）
7…ゾーンプレスディフェンス（スティール）
8…ゾーンプレスディフェンス（ランアンドジャンプ／150ページ参照）
9…レシーバーに対するフルディナイ

例えば、次のページのような戦い方が可能になります。

Chapter6
03
オールコートのシステムを構築する

ゾーンディフェンスの中でも、相手陣内から激しくプレッシャーをかける戦術は「ゾーンプレス」と呼ばれています。ボールマンの前に最初からポジションをとる「1―2―1―1」という形や、ボールマンの両脇のエリアを埋めるようにしてポジションをとる「2―2―1」そしてコート4分の3のエリアやハーフから行う「1―2―2」などがあります。これら**ゾーンプレスやオールコートのマンツーマンディフェンスを組み合わせてサインを送り、ディフェンスのシステムを機能させる**わけです。

前のページで挙げた0～9のチームディフェンスと、左コート図の数字を組み合わせると、例えば、次のような戦い方になります。

104…100番台（コート図参照）、すなわち相手のベースラインからプレッシャーをかけ、しかも「4」ですからパスが渡ったら、2人がかりでトラップを仕掛けます。ちなみに102だと、オールコートマンツーマンからのトラップとなります。

86…80番台（コート図参照）、すなわち相手陣内のフリースローライン付近からプレッシャーをかけ、しかも6ですから、パスコースを完全に遮断できるポジションをまわりはとります。ちなみに81だと、同じ位置からマンツーマンでプレッシャーをかけつつ、マークマンをスイッチして対処します。

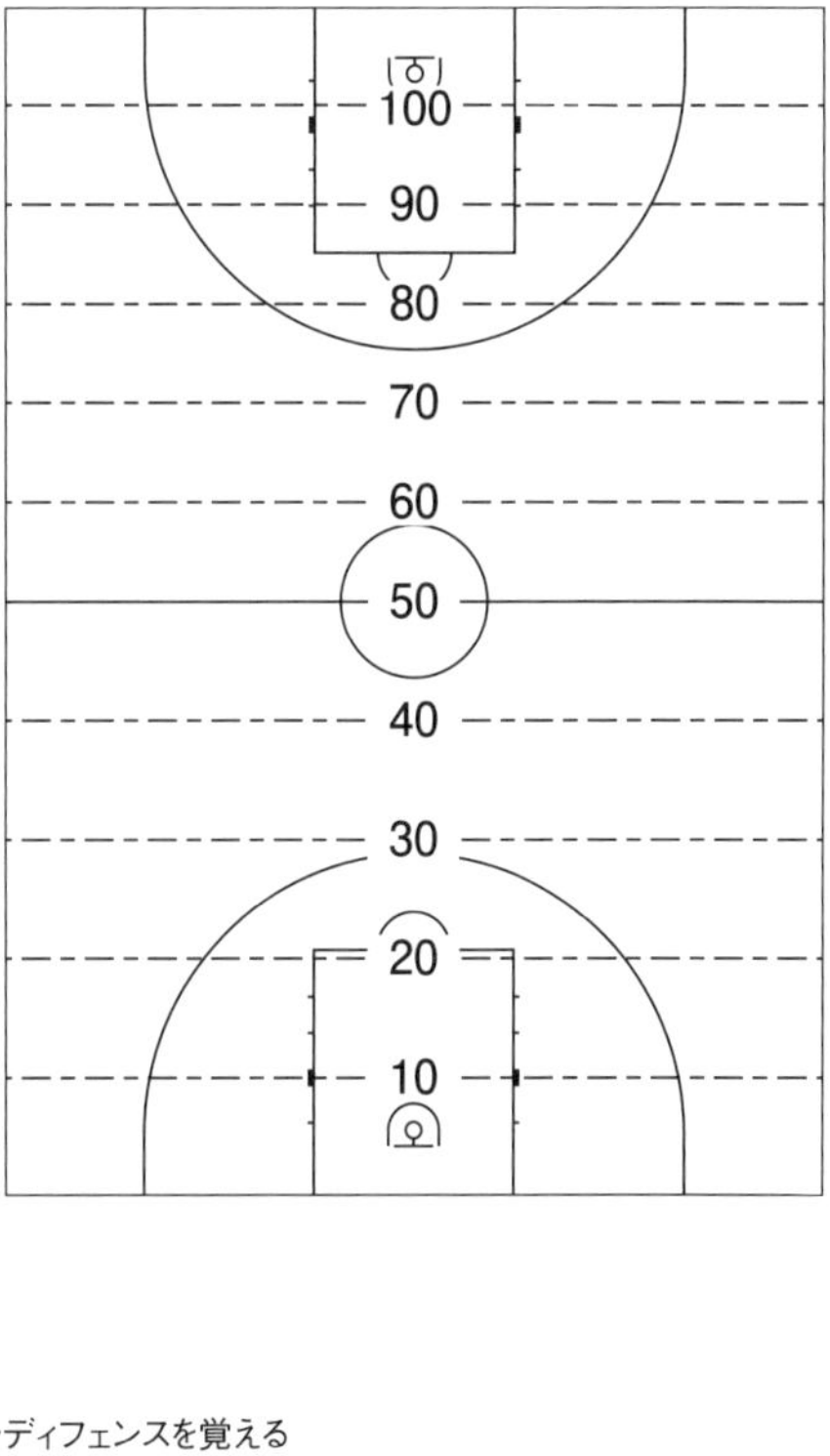

54…50番台（コート図参照）、すなわちセンターラインを利用した仕掛けです。特に同ラインの両端は「コフィンコーナー」と呼ばれ、センターラインとサイドラインが交差するエリアだけにトラップを仕掛けるのに絶好の場所と言えます。それがこの「54」が意味する戦術です。

Chapter6
04
ハードとソフトを使い分ける

さらに自陣でディフェンスする際には、次のようになります。

32…30番台（前ページのコート図参照）、すなわち自陣のウイングに、相手がパスした瞬間に仕掛けるサインです。「2」ですから、ノーマルなマンツーマンディフェンスでついているると見せかけて、パスがウイングに渡った時にトラップを仕掛けるのです。ビッグマンにウイングからパスを入れようとする相手の出鼻をくじくことを狙いとするわけです。

22…20番台（前ページのコート図参照）、すなわちポストマンにパスが入った時の対処です。「2」のサインは、マンツーマンディフェンスからのトラップ。相手のビッグマンがシュートやパスをしにくいように、大きな選手が間合いをつめていく形を基本とします。

12…10番台（前ページのコート図参照）、すなわち相手のボールがコーナーに落ちた時のディフェンスです。マンツーマンで対処しつつ、その瞬間だけトラップを仕掛けるのです。コーナーはベースラインとサイドラインが交差するエリアだけに、ボールマンにプレッシャーを掛けるのに最適なのです。

ビッグマンがいるチームは、前線からプレッシャーを掛けられると、ゴール近くのエリアでの攻撃時間が少なくなるため嫌がるものです。が、これらサインで言うと、100番台から50番台のような前線から仕掛ける**オールコートの「ハードディフェンス」は体力が必要となります。**相手のミスを誘うなど成功すれば速攻につなげられますが、相手に難なくボールを運ばれると体力を消耗し、攻防両面で悪影響を及ぼすリスクもあるのです。

したがって自分たちの体力、試合状況、およびベンチメンバーとの兼ね合いも含めて、**いつどのタイミングで「ハード」に仕掛け、時には「ソフト」なプレッシャーで我慢するか正しく判断することが大切**なのです。ハードとソフト、言い換えるとプレッシャーの強弱も駆け引きの中でうまくコントロールしてチームディフェンスを機能させてください。

Chapter6

05

ボール運びのリズムを崩す最強戦術

ビッグマンを擁する相手チームは、ハーフコートオフェンスに時間をかけようとボール運びを速やかに行おうとします。それに対してディフェンスがボールマンに対して1対1で苦しめるのが理想ですが、同等の力を有する相手の場合、広いスペースがあるエリアではボールを持っている側がどうしたって有利です。

そこで私が有効に使っているのが「ランアンドジャンプ」という、複数でボールマンにプレッシャーをかける戦術です。

左の図を見てください。ディフェンスAはボールマンが、ディフェンスBのほうにドリブルするようにディレクション（方向付け）します。ディフェンスBが近づいてくるのを察知したボールマンは、パスに転じようとドリブルを止める可能性が高い。その時にディフェンスBは、ジャンプするようなイメージでボールマンのパスコースを消しにかかりま

図解 ランアンドジャンプからスイッチで対応

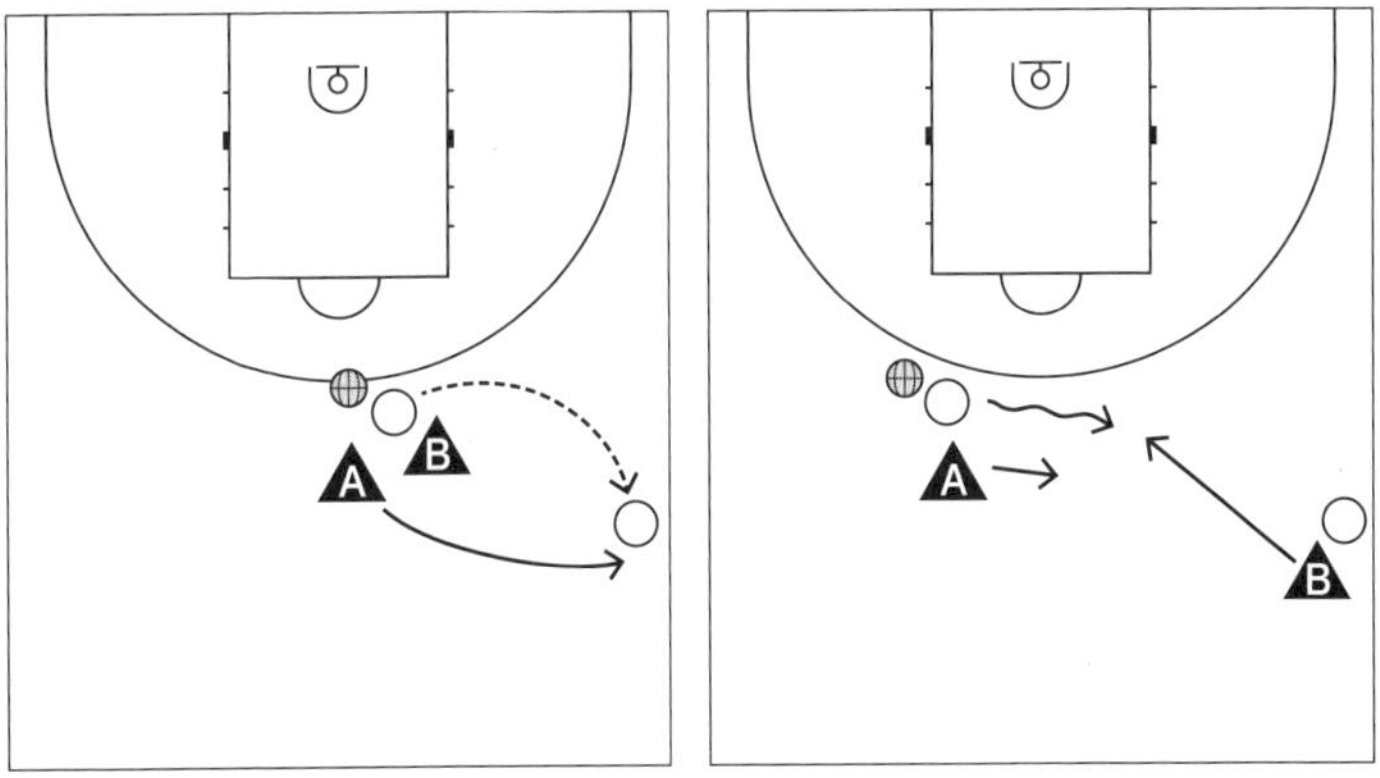

す。

相手のパスをそこで取れれば大成功ですし、体のどこかでボールに触るだけでも成功です。たとえパスが通っても、図のようにマークマンをスイッチして対応することによって、相手のボール運びに時間をかけさせることができるのです。

もしボールマンが、パスができなかったら、ディフェンスAとBでボールマンに対してトラップを仕掛けることも可能です。が、**ディフェンスは運動量が必要となるのに加え、相手の意表もつくためには繰り出すタイミングを工夫すること**が大切です。

Chapter6
06

ボール運びに参加する嫌な相手

ゾーンプレスをはじめ、相手のボール運びのリズムを崩そうとしている際、やっかいな存在となるのが他ならぬビッグマンとなる場合もあります。ビッグマンがボール運びに参加せず、ゴールに向かって走っていれば、ボールを運ぼうとするガード陣が孤立し、プレッシャーは掛けやすくなります。

ところがランアンドジャンプなどディフェンスの狙いを察知した**ビッグマンが、センターライン付近にポジションをとると、パスのターゲットとされてしまう**のです。言い換えると、平面での戦いに持ち込もうとしていたディフェンスの狙いをかわされる格好となるわけです。

だからといって前線からのプレッシャーを弱めるべきかというと、そうではありません。なぜなら、次のような効果が期待できるからです。

・ゴールへの最短距離を走ろうとするビッグマンを立ち止まらせ、センターラインまで戻すなど体力的に消耗させられます

・たとえビッグマンにボールが渡っても、パスのスキルに難があれば、まわりがパスコースをおさえることでパスミスやトラベリング（3歩以上歩くミス）などを誘発できる場合があります

・センターライン付近でパスを受けたビッグマンとコンタクトし合いながらゴールに向かう時間を遅らせることで、相手の攻撃リズムを崩すことができます

このような**駆け引きを相手と行いながらビッグマンに気持ちよくプレーさせないこと**に成功すると、それが試合の進行とともに積み重なり、試合終盤の大事な場面で高さを覆すことに奏功することが期待できるのです。

しかしながらオールコートでディフェンスを仕掛ける際には、イチかバチかのギャンブル的な戦い方になることがあり、相手にかわされるリスクをいかに軽減させられるかです。それがまさに平面バスケットボールにおけるチームディフェンスの肝なのです。

Chapter6
07
ゾーンディフェンスを備える

ディフェンスが自陣でビッグマンに対処する際のゾーンディフェンスを紹介しましょう。中学生以下の選手は公式戦で使えませんが、高校生になったら使う可能性もあるので知識として備えておいてください。

これから紹介するシステムは**相手のビッグマン対策として使えるだけでなく、自分たちに大きなセンターがいてインサイドに固定したい時にも使えます。**

・2―3（ツー・スリーの）ゾーンディフェンス

前列に2人、後列に3人を配備します。インサイドにボールが入ってもまわりから寄ってサポートしやすいのが特徴です。が、前列が2人だけに、ウイングやトップからアウトサイドシュートを打たれやすい側面があります。つまり図内、⬮部分にポジションをとる相手に対して速やかに対応できるかがこのゾーンの鍵を握るわけです。ディフェンスの

図解 3-2ゾーンディフェンス

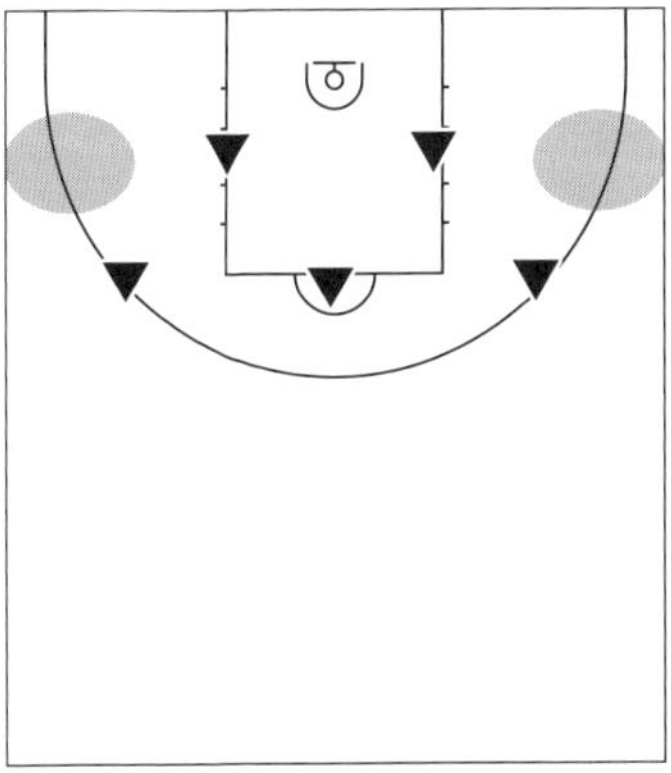

図解 2-3ゾーンディフェンス

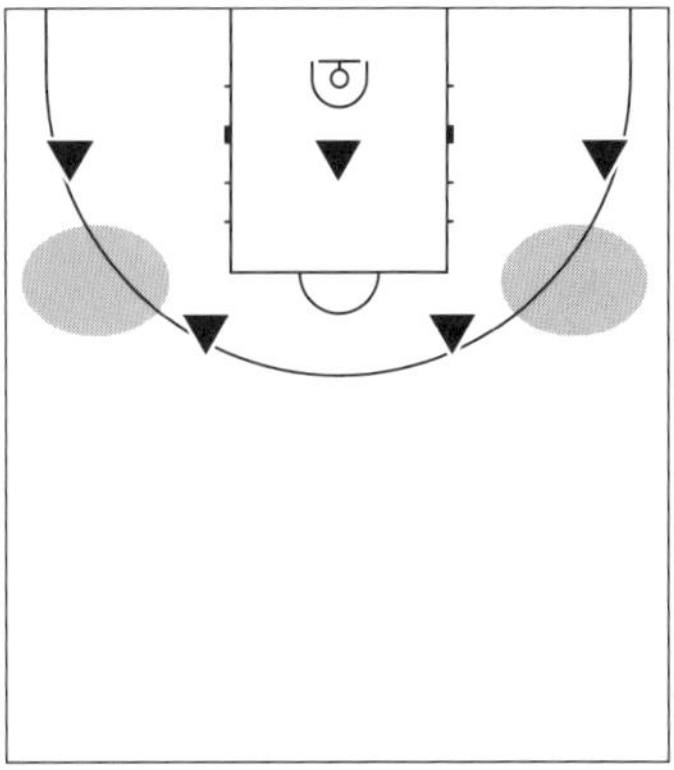

いないこのスペースは「ギャップ」とも呼ばれています。

・3―2（スリー・ツーの）ゾーンディフェンス

前列に3人、後列に2人を配備します。前列が3人だけに、アウトサイドのギャップを埋めやすいシステムです。が、後列が2人なので、インサイドにパスが入らないように戦術を工夫する必要があります。例えば、ある程度の高さがあるフォワードがいるチームは、前列の中央にその選手を配備することで相手はシュートが打ちづらくなるのに加え、インサイドのセンターにボールを入れにくくなります。

Chapter6
08

チームディフェンスのバリエーション

・1―3―1（ワン・スリー・ワンの）ゾーンディフェンス…前列に1人、中央に3人、後列に1人配備します。ギャップは左右のウイングと、左右のコーナーです。

・2―1―2（ツー・ワン・ツーの）ゾーンディフェンス…前列に2人、中央に1人、後列に2人配備します。ギャップはトップと左右のウイングと、ゴール下です。

・1―1―3（ワン・ワン・スリーの）ゾーンディフェンス…前列に1人、中央に1人、後列に3人配備します。ギャップは左右のウイングです。

この他、変則ディフェンスとして相手の得点源やポイントガード、1人だけをマンツーマン、他4人がボックス型のゾーンを敷く「ボックス・ワン」という戦略もあ

図解　1―3―1ゾーンディフェンス

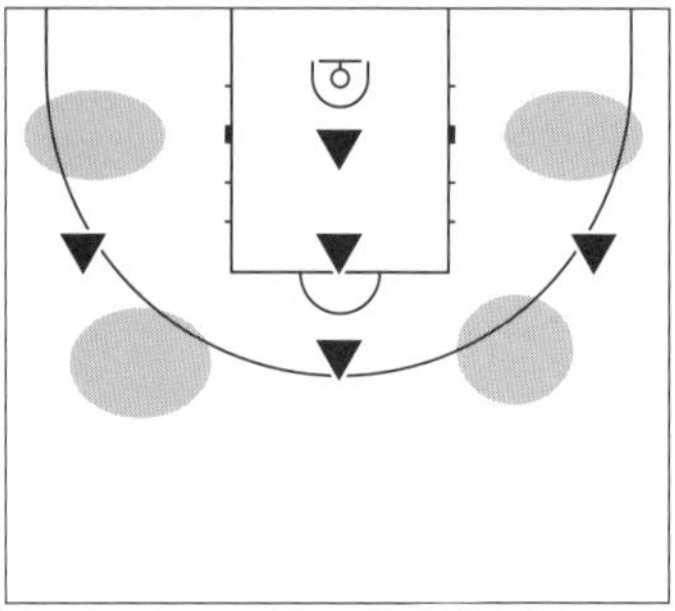

図解 1-1-3ゾーンディフェンス

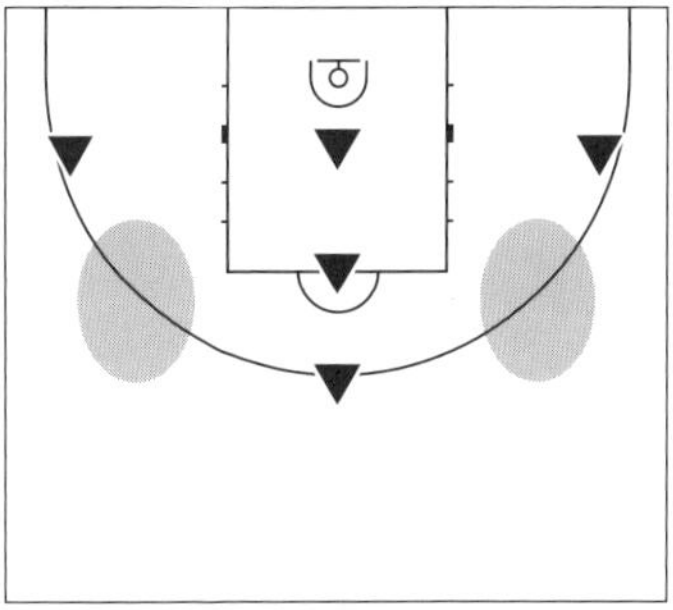

図解 2-1-2ゾーンディフェンス

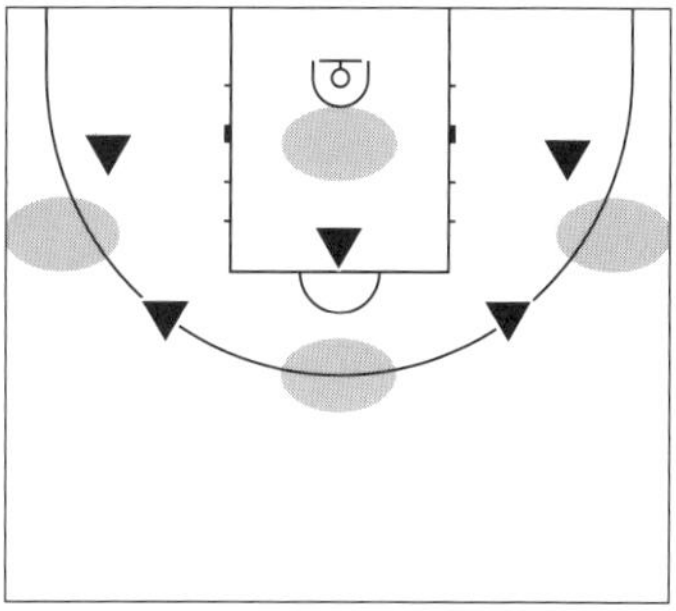

ります。それと似たものとして、相手の2人をマンツーマン、他3人が三角形のゾーンを敷く「トライアングル・ツー」という戦略もあります。

ゾーンディフェンスを交えたシステムは、このようにたくさんありますが、すべて覚えればいいということではありません。自分たちのシステムとして機能させられるように絞っていくことが大切です。忘れてはならないのは、自分たちが大事にしている戦い方です。高さを意識するあまり、自分たちらしさを見失わないように注意してください。

したがってマンツーマンを主体とするチームなら、勝負どころでゾーンディフェンスに切り換える手もありますし、逆にゾーンディフェンスで相手を揺さぶっておいて、オールコートマンツーマンで引き離すようなゲームプランも可能なのです。

Chapter6 のポイント

・高校生以上はマンツーマンディフェンスとゾーンディフェンスを使い分ける
・中学生以下は、ゾーンディフェンスを知っておく
・オールコートディフェンスのサインを作り、５人が連動する
・オールコートのディフェンスシステムを構築する
・プレッシャーの強弱を駆け引きの中でコントロールする
・ランアンドジャンプで相手のボール運びを遅らせる
・ボール運びに参加するビッグマンへの対応策を理解する
・ゴール近くでゾーンディフェンスを交えて戦う
・自分たちらしさを見失わずに戦うことを忘れない！

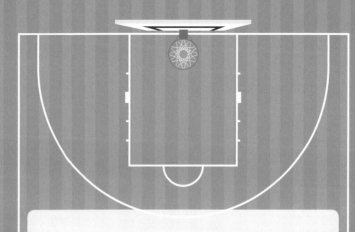

Chapter7
リバウンド、ルーズボールで粘る

相手のシュートミスを確実に自分たちのボールにし自分たちのシュートミスを粘り強くセカンドチャンスにつなげる。そうしたリバウンドに対する高い意識を5人で共有する。まさに粘り強く戦う姿勢が小さい選手、チームには欠かせない。

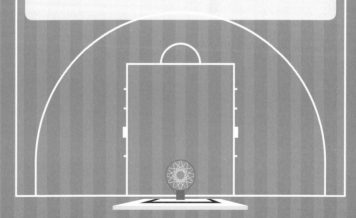

Chapter7 01

リバウンドの3要素を意識する

リバウンドを制する者がゲームを制する——。

よく使われるこの言葉どおり、リバウンドはゲームの流れを左右する重要なプレーです。そして高さのある選手およびチームは、このリバウンドにおいても有利ですが、小さいチームもリバウンドをあきらめる必要はありません。なぜならリバウンドは高さだけで取れるものではなく、スキルの一つであると認識して徹底し、そして習慣化することによって高められるものだからです。

NBAにはかつて、リバウンドだけで成功を収めた、といっても過言ではない往年の名リバウンダーがいました。その名はデニス・ロッドマン。まわりを驚かせるような言動を繰り返していた、いわゆるアウトロー的な存在でしたが、そのリバウンド力には目を見張るものがありました。

彼が語っていたリバウンドの3要素を要約すると次のようになります。

・**前後左右のスペースを確保する**…できるだけ高く跳ぶことより、まずはリバウンドを争う相手とコンタクトして、落ちてきたボールを拾えるようにポジションをとるということ。その際、オフェンスリバウンドにおいてはバックボードと体のラインが平行になるように構えることがポイントです

・**ボールの軌道を見て予測する**…選手のシュートには特徴があります。アーチが高いシュートや低いシュート。特にオフェンスリバウンド時は自分のチームメートがシュートを打つことになるので、シュートの特徴を練習時から把握し、試合で活かすことが重要です

・**執念を見せる**…一度のジャンプでリバウンドを取れるとは限りません。何度もジャンプし、少しでもボールを触ろうとする執念が欠かせないのです

追記すると、統計上ではリングの手前より逆側に落ちる傾向が高いことを覚えておくといいでしょう。

Chapter7
02

ボックスアウトを徹底するとは

ディフェンスがリバウンドを取る際、自分がマークする選手とコンタクトし、ゴールに近づかせないようにすることを「ボックスアウト」と言います。ボックス、すなわち制限区域の外に押し出すこのスキルは、スクリーンをかけるような格好に似ていることから「スクリーンアウト」とも呼ばれることがあります。

相手がシュートを放った時、リバウンドを取ろうとする気持ちばかりが先行すると、ジャンプの体勢に入っているすきに、相手にゴールに近づかれてオフェンスリバウンドに飛び込まれる危険性が高い…。そこでディフェンスはジャンプする前に、**まずは自分がマークする相手に体をぶつけて動きを止め、その上でリバウンドボールを拾う**わけです。このように徹底し、習慣化することこそがリバウンド力を個人として、またチームとして高める第一歩です。

特に相手がビッグマンの場合、このボックスアウトでゴール近くのいいポジションを取らせないことが不可欠です。中にはボールの軌道を見ずにビッグマンに対してボックスアウトを継続し、他の4人でリバウンドボールを拾う戦術をとるチームもあります。が、私はたとえ相手が大きくてもビッグマンをボックスアウトした後、相手に接触する手を残して動きをとらえておき、近くに落ちてきたボールを拾う準備はしたほうがいい、と考えています。

このボックスアウトを徹底する上で難しいのはゾーンディフェンスを敷いた時です。前章で説明したとおり、高校生以上で認められているゾーンディフェンスの戦術は、エリアを埋める形でポジションをとることが基本です。つまり、自分のマークマンをつかまえやすいマンツーマンディフェンスとは違い、**ゾーンディフェンスではボックスアウトに移行しにくいというデメリットが生じる**のです。

ゾーンディフェンスよりもマンツーマンディフェンスを主体とした戦い方をするチームが多い理由として、ディフェンスリバウンド時のボックスアウトも大きな要因であることを覚えておきましょう。

Chapter7 03

リバウンド争いに慣れる

国内のトップレベルの試合のみならず、高校界にも留学生が増え、自分たちより高さのある選手と対戦できる機会が増えました。その高さを目の当たりにし、怖じ気づいていたら勝ち目はありません。本書で紹介してきたような戦い方を実践し、経験を積むことによって高さに対抗する術が見えてくることが期待できます。

私自身、日本代表として国際大会に出場する前は、どこまで通用するか不安でした。しかしリバウンドやルーズボールを大事にする恩師の指導の下、攻防の切り換えを速く展開する**平面バスケットを理解することで「高さ」への怖さが薄れてきた**のです。

特にフリースロー時のボックスアウトも含めて、相手より先に動くことを意識し、成功体験を積み重ねてきた、と振り返ることができます。攻防に渡って、リバウンドボールの行方でどのような心得が大切か整理しておきましょう。

・自チームがディフェンスリバウンドを取った時…ボール運びを行う選手へのパス「アウトレットパス」を速やかに行い、攻防の切り換えを意識します。その際、空中で相手ゴールに顔が向くように着地体勢に入ると、速攻につながるパスが出しやすくなります

・相手のビッグマンがオフェンスリバウンドを取った時…片手を上げる「ハンズアップ」を意識するものの、バスケットカウントにならないようにファウルには注意します。ビッグマンがボールを下に降ろした時、他のディフェンスはスティールを狙います

・自チームがオフェンスリバウンドを取った時…ステップワークを工夫したタイミングのいいシュートを最優先に考えつつも、相手のビッグマンにブロックされる危険性が高い場合には、まわりにパスします。他の選手がゴールに走り込んだり、アウトサイドにパスすることでインサイドアウトに相当する高確率のシュートにつなげられます

・相手のビッグマンがディフェンスリバウンドを取った時…自陣に速やかに戻る「ハリーバック」を行うのか、前線からプレッシャーをかけるのかチームとして連動して動きます。ビッグマンがボールを下に降ろした時、他のディフェンスはスティールを狙います

Chapter7
04

ラインの外に出たボールに飛びつく気迫を

高さのハンディを覆す上でリバウンドが大事な要素になるのは間違いありません。が、限られた練習時間の中で、リバウンド練習に時間をかけるのは難しいはずです。それだけに普段のシュート練習およびゲーム形式の練習の中でリバウンドに対して積極的に取り組むことが不可欠です。

私が所属していた高校のチームには、**チームメートが放ったシュートに対して、それがリングを通過してもしなくてもフロアに落としてはならない、というチームルールがありました。**ボールを下に落とさずにキャッチするためには、チームメートのシュートの特性を認識しておく必要があります。これが試合でのリバウンド時の予測につながるのです。

シュートの基本に即した高いアーチ（弧）の軌道を描くようなシュートであれば、ボールの跳ね返り方や着地点が読みやすく、ノーバウンドのリバウンドを成功しやすいです。

一方で低いアーチの、ライナーのようなシュートを打つチームメートも中にはいます。そうしたシュートのリバウンドボールを拾うのが難しい…。ボールの滞空時間が短く予測が難しいのに加え、大きく跳ね返ることが多いからです。

それでも逆サイドに跳ね返ることが多いことを念頭に、各選手のシュート特性を認識して何としてでもボールをノーバウンドで拾い続ける。

こうした取り組みがリバウンド強化につながることを教えてくださったのが高校時代の恩師でした。**リバウンドのみならずルーズボールの粘りも普段の練習から徹底し、習慣化していきながら平面バスケットを機能**させて全国大会での優勝回数を積み重ねたのです。

身長の高さだけでなく、シュートやドリブル、パスのうまさなど試合の明暗を分けるポイントはたくさんあります。どちらかといえば注目を集めるのはそうした華やかなプレーであることが多いものですが、どちらの支配下にもないボールに飛びつくような姿勢が勝利に結びつくケースも少なくないのです。特にフロアに転がるルーズボールは、身長の低い選手のほうが近いだけに、高さのある相手チームには絶対に負けてはいけないプレーなのです。

ルーズボールにおいてもこれです。

徹底と習慣化――。

普段の練習でボールに飛び込まない選手が試合で飛びつくものではありません。普段からコートの中のみならず、コートの外に転がっていくようなボールにもあきらめずに追い掛けて、マイボールにしようとする姿勢。

監督の立場からすると、そういう必死さが見えるかどうかが選手のやる気を判断する基準にもなるのです。リバウンドやルーズボールを普段から徹底し、習慣にできるような練習が高さを覆すきっかけをチームにもたらすと、私は強く感じています。

Chapter7 のポイント

・相手とコンタクトして前後左右のスペースを確保する
・シュートの特徴を練習時から把握し、ボールの軌道を見て予測する
・何度もジャンプし、少しでもボールを触ろうとする執念を見せる
・リバウンドを取りに行く前に相手とコンタクトし、ゴールに近づかせないようにする
・ビッグマンとのリバウンド争いに慣れる
・ディフェンスリバウンドを取った時、ボール運びを行う選手へのパスを速やかに行う
・相手がオフェンスリバウンドを取った時、ファウルに注意してハンズアップする
・ビッグマンがボールを下に降ろした時、他のディフェンスはスティールを狙う
・オフェンスリバウンドを取った時、タイミングのいいシュートを最優先にしつつ、ビッグマンにブロックされる危険性が高い場合にはまわりにパスする
・ビッグマンがディフェンスリバウンドを取った時、ハリーバックするのか、前線からプレッシャーをかけるのかチームとして連動する
・リバウンドやルーズボールを徹底し、習慣にできるような練習を心掛ける

あとがき 01

3×3が秘める可能性

従来のバスケットボールの試合は、5人対5人で行われるものだけでしたが、最近は3人対3人の試合も注目を集めています。以前は「3on3（スリーオンスリー）」と呼ばれていたこの競技は現在「3×3（スリーエックススリー）」という名称で世界に広まり、2020年東京オリンピックでは正式種目として採用されるに至りました。

そしてこの3×3は、5人対5人のバスケットボール以上に高さを覆す可能性がより高いという見方もされています。

その要因の一つは「スペース」の広さです。ハーフコート（15メートル×11メートル）で行われるとはいえ、ゴール近辺では人数が少なく、走るスピードやステップのクイックネスを活かしてシュートチャンスを作りやすいと言えます。

他のルールもゲーム展開がスピーディーになるように設定されています。オールコートのゲームでは攻撃の制限時間が24秒であるのに対し、ハーフコートの3×3は12秒。しかも通常の3ポイントラインに相当する2ポイントラインの外にドリブルかパスでボールを出して攻防を交代する際、その一連の動作を素早く行うことでもスピードを活かせるのです。

本来は11人で行われるサッカーが、5人制のフットサルなどでさらに発展してきたように、バスケットボールも3×3を通じてまた新たな展開が期待されています。それは高さを覆すチャンスが見出せる競技性だからであり、オリンピックに出られる可能性も高まるからです。

3×3も含めたバスケットボールが日本国内でよりいっそう盛り上がり、世界と対等以上の戦いができる日が来ることを願っています。

あとがき 02

NBA選手と国内リーグに見る日本の実情

バスケットボールは10フィート（3メートル5センチ）の高さに設置してあるリングにボールを入れ合う競技であると同時に、「空間」を奪い合う競技とも言い換えられます。「高さ」を活かして制空権を巡る争いだけでなく、「スピード」や「クイックネス（俊敏性）」を活かして奪い合う「平面の空間」、それらが勝敗の明暗を分けるのです。なぜなら自分のスキルを発揮する上でそうした空間を活かすことが欠かせないからです。

日本が輩出したNBAプレーヤーを見れば、その現状が見て取れるように感じます。私の高校の後輩に当たる田臥勇太選手は、主に平面の空間を活かしながらスキルを発揮し、日本人として初めてNBAの舞台に立って見せました。

一方、渡邊雄太選手には2メートルを超える高さがあります。しかしNBAでは特別高い身長とは言えず、そこにスキルや強さを併せ持つからこそNBAのステージに立つことができたのです。

そしてやはり、高さと強さ、そして運動能力やうまさを併せ持つ八村塁選手が彼らに続いたのです。


彼らが牽引していく日本代表の将来は楽しみでなりませんし、女子においても高さとうまさを併せ持つ選手が日本代表をレベルアップさせているのは間違いありません。

しかしながらBリーグ（男子）で得点やリバウンドのランキングが外国籍の選手に独占されているように、日本の選手たちが「高さ」を武器に世界の強豪と渡り合うのにはクリアすべき課題があるように感じます。それでも日本国内で高さを武器とする選手、または高さを覆す武器を有する選手が多く育てば、世界における日本の立ち位置が大きく変わる可能性はあるはずです。

本書で紹介してきたような高さに対する取り組みが日本のレベルアップにつながると、私は信じています。

金子寛治

【著者略歴】

金子寛治（かねこ　ひろはる）

1967年11月22日生まれ。東京都出身。秋田県立能代工業高校－筑波大。日本屈指の名門高校に進学し全国大会優勝に6回輝く。大学を卒業後、国内トップレベルのリーグで5回の優勝を経験。その活躍が高く評価されて日本代表に抜擢。キャプテンを務めた時期もある。2001年3月に現役を引退。同年4月、安城学園高校に教員として赴任して以来、男子チームを全国大会ベスト8に牽引し、2017年には女子チームを全国大会準優勝に導くなど指導歴を積み上げる。

［STAFF］

編集協力　渡邉淳二
カバーデザイン　柿沼みさと
本文デザイン　㈱千秋社

身長差《しんちょうさ》で負《ま》けない
バスケットボール勝利術《しょうりじゅつ》

著　者　金子寛治
発行者　岩野裕一
発行所　株式会社実業之日本社
〒107-0062　東京都港区南青山5-4-30
CoSTUME NATIONAL Aoyama Complex 2F
電話　03-6809-0452（編集）
03-6809-0495（販売）
ホームページ　http://www.j-n.co.jp/

印刷・製本　大日本印刷株式会社

ISBN978-4-408-33901-6（第一スポーツ）

1911(01)